오늘의문학 특선시집 64

밴쿠버 연가

전재민 시집

국립중앙도서관 출판예정도서목록(CIP)

밴쿠버 연가 : 전재민 시집 / 지은이: 전재민. -- 대전 :
오늘의문학사, 2018
p. ; cm. -- (오늘의문학 특선시집 ; 64)

ISBN 978-89-5669-904-2 03810 : ₩15000

한국 현대시[韓國現代詩]

811.7-KDC6
895.715-DDC23 CIP2018010137

밴쿠버 연가

들어가는 말

사람에겐 밥도 중요하지만 밥만큼 중요한 것이 마음에 양식을 쌓는 일이다. 마음의 평안과 감동을 안겨주는 편안한 글을 쓰고자 노력했지만 아픈 마음을 들킨 것 같다.

새벽마다 새로운 삶을 살 듯 떠오르는 영감을 놓치지 않으려 부단히도 노력했다.

나는 30여년을 조리사로 일해 오고 있다. 칼에 베이고 오븐에 데이고 수 없이 많은 상처들과 동반자처럼 함께 해왔다. 나의 글이 사람들이 살아가면서 베이고 데인 마음 상처를 치유하는데 조그마한 도움이 되었으면 한다.

천당 아래 999당이라는 밴쿠버에서 조국, 부모님, 친구, 옛 연인을 연모하는 마음으로 글을 썼다.

윤동주 시인의 별 헤는 밤처럼, 자신 있게 내어 놓을 시가 있냐고 묻는 옆지기 말에 대답하지는 못했지만, 그리 되려고 노력하는 마음으로 시작하는, 등단 후 첫 시집을 많은 분들이 공감하였으면 좋겠다.

더불어 졸작을 뽑아주셔서 시인이라는 이름표를 달아 주시고 물심양면으로 아껴주신 문학사랑 리헌석 회장님과 문우님들께 감사드린다.

멀리서 볼 수 있는 산봉우리를 가까이선 볼 수 없다. 멀리 떨어져야 고마움과 그리움이 곰삭아 사랑이 되어 가슴에 사무치기도 한다.

청춘에 시작한 꿈이 이제 중년이 되어서야 현실이 되고 더불어 시집을 내게 되었다. 멀리 돌아 온 느낌이 없지 않지만 늦은 만큼 익은 열매가 되길 소망해 본다.

그대에게

흔들리는 바람 같은 그대/ 나 함께하는 나무처럼 옆을 지키고 싶다.// 눈보라 뚫고/ 끝 모르는 등산을 하듯/ 길 떠나는 그대에게/ 나 조그만 장작불 되어 그대 옆을 지키고 싶다.// 찬란한 도시 불빛 속에/ 빛나지 않아도 따스한 가로등 되어/ 그대 옆을 지키고 싶다.

차 례

2부 기억이란 이름으로

3부 물 위에 떠도는 별

4부 비 오는 밴쿠버에서

1부

아내에게 바치는 노래

아내에게 바치는 노래

갑자기 당신 모습이 낯설어서
당신 얼굴 본 순간,
배고프지도 않은데
술 한 잔 마신 것처럼
가슴 후리며 내려가는
찌릿한 느낌에 젖어버린 눈가.

남들처럼 쭉 빼입고
거리 활보하는 성격이
아니란 걸 알지만
늘 편해 보이던 당신 걸음걸이가
떨어진 신발창 때문은 아니었는지.
다이아몬드 반지 해준다는 약속도
행복하게 해주겠단 약속도
화장품 한 번 제대로
사준 적 없는 못난 남편이
아들만 사랑한다고 투덜댈 때마다
쓰레기 나만 버린다고
투정 부릴 때마다
당신 자리는 늘 컸다.

때론 마음으로, 말로 외도하고
마음밖에 줄 게 없다
거짓만을 말한 듯하고

당신 얼굴 주름이
내 얼굴도 비치는 거울이란 걸
왜 몰랐는지
돌아보면 아찔한 순간도
사는 거에 부대껴
당신 얼굴 온전히 바라본 게 언젠지,
늘 옆에 있을 거라 생각하고
떠날 땐 당신보다 먼저 떠났으면 하고
기도한 순간도
당신 아픔은 생각지도 못한
철없는 남편이
편안한 친구 같은 당신에게
너무 많이 기댄 건 아닌지,
아파트 복도 걸어가는
당신 뒷모습처럼
내 모습도 날개 없는 앨버트로스처럼
뒤뚱대며 걷고 있다.

절벽에서 바람 부는 날
뛰어내려 비상하는
앨버트로스처럼
날개가 없어 날 순 없지만
함께할 수 있는 바보 새처럼.

* 앨버트로스 새 : 날개를 펼치면 가장 큰 조류.(2.9~3.3미터) 날개가 너무 커서 뒤뚱거리며 걷는다. 스스로 날지 못하고 바람 불 때 바람에 몸을 맡긴다. 먹지 않고 쉬지 않고 6일 공중비행 가능. 일명 바보새.

사치

누구에겐 일상이
누구에겐 사치일 수 있고
누구에겐 다이어트라며
고기와 채소만 먹는 일이
누구에겐 사치다.

누구에겐 늘 타고 다니는 차가
누구에겐 꿈조차 꿀 수 없는
이야기 속의 생활 같고
누구에겐 늘 입고 다니는 옷이
누구에겐 평생 한 번도 입지 못할
귀한 것일 수 있다.

나에겐 그저 평범한 일상이
누군가에겐 평생 한 번 살아 보고 싶은
꿈같은 희망이고
나에겐 그저 그렇게 살아가는 곳이
누군가에겐 꿈에도 그리던 곳이다.

사람들

세상엔
라면만 삼시 세끼 먹는
사람이 있고
라면을 평생 먹어 보지 못한
사람이 있다.

세상엔
다이어트 한다고
밥과 감자 안 먹고
고기와 채소만 먹는 사람이 있고
밥도 못 먹고 굶주리는
사람이 있다.

생선 좋아하지만
생선 구경조차 못 한
사람이 있고
생선 쳐다보기도 싫은데
생선과 함께 사는
사람이 있다.

처음이라서

내가 태어 난 건 내 기억으론 처음이라서
내가 아들인 건 처음이라서
처음으로 울고
처음으로 눈웃음치고
처음으로 소리치고
처음으로 기어가고
처음으로 뒤집고
처음으로 아장아장 걷던
모든 일이 서툴지만 비틀대는 걸음처럼
모든 일이 흐뭇하기만 했을
어머니도 아버지도
처음 하는 어머니 아버지인 것처럼
나도 처음 하는 아버지였다.

처음으로 학교에 가고
처음으로 직장을 다니고
처음으로 결혼을 하고
처음으로 아버지가 된 날
연습할 수 없는 인생처럼
연습할 수 없는 모든 일이
지나고 나면 서툴러 보이고
지나고 나면 후회되는 일이 있어도
그것이 나인 것을
그것이 우리인 것을.

처음으로 버스를 타고
처음으로 지하철을 타고
처음으로 비행기를 탄
그날들이 이젠 기억에서도 희미한
추억으로조차 남아 있지 않지만
조금은 비틀대고
조금은 흔들려도
처음이 있어 지금이 있다고.

처음 만난 사랑처럼
처음 만난 느낌처럼
살아가는 일이 행복할 수 있다면
수많은 서러운 날들이
수많은 우울한 느낌들이
모래가 손가락 사이를 빠져나가듯
자연스럽게 세월이 가는 것을.

처음으로 당하는 교통사고가
마지막인 사람이 있고
처음으로 당하는 이별이
마지막인 삶이 있다.

처음 만난 어머니를 안개 속에 묻고
가슴에 묻고
살아가는 것처럼
만남과 이별은 늘 있는 것이라지만
때로는 어제가 오늘 같은 나날 속에
처음으로 해야 할 일도

기다린다.
처음으로 하는 은퇴
처음으로 하는 할아버지
처음으로 해야 할
아직도 하지 못한 많은 것들이.

늘 그 자리에

나는 그 자리에 누워 있었지.
언제나처럼 너는 내게로 와서 꽃을 피우고
가을이 지나 겨울이 오면
넌 친구가 없어 나에게 늘 주절댔다.
사랑하는 이들 속삭임처럼
난 떠나지 못하는데
넌 날 찾아와
봄이면 나비도 부르고
벌도 함께 잔치를 벌여
산새들 합창공연도 하고 나면
푸르름에 파르르 떨듯
내게 아름다운 향연을 보이고서도.
떠나지 못해 누워 있는 내게 속삭인다.
한때 연단에 서서도 다리가 후들거리던 내게.
넌 거칠 것이 없는 바람 춤과 함께

첫사랑

무심천은 무심하게 얼어붙어
바람만 부대끼고
너의 손을 잡고
말없이 걷던 밤은
살구 냄새 풀풀 나던
한여름같이
따스하기만 해서
네가 무슨 말을 했는지
내가 무슨 말을 했는지
기억조차 나지 않지만
그 겨울 차디찬 얼음 위
뒹굴던 날에도
오직 너의 생각뿐이었다.

그러고 보면
나의 사랑은
겨울에 피는 눈꽃처럼
물먹은 솜같이 무겁지만
지워도 지워지지 않는
문신처럼 가슴에 새겨진 모습으로
가끔은 그 심장 박수만큼
뛰고 싶은 날이 있었음이라.

우리가 함께 본
홍제동 삼류극장
가끔 필름도 끊어지듯
나의 기억도 가끔은
기억이 끊어진 연인들처럼
너도 그러하였다.
언제고 한번은
다시 만나리라
생각한 세월은 가고
추억으로만 남아
한때 뜨거웠던 마주 잡은 손처럼
꽃잎이 진다.

하루살이 날갯짓처럼

하루를 백 년처럼 사는
하루살이 서툰
날갯짓같이
날마다 하는 일도
날마다 걷는 일도
외줄 타는 곡예 같다.

어린 시절
농약 먹고
마루 밑에서
괴로워 울부짖던
검둥이 눈물
가슴에 담아 오듯이
또박또박
써 내려간
조카 편지가
하늘나라 소식처럼
이젠 흔적조차
사라진 조카 모습 되어
가슴에서
뒤척인다.

집
들
산
강
어둠에 보이지 않는 것들
사라진 게 아니라
어둠의 그늘에서
잠시 쉬고 있는 거라고
기억에서
멀어진다고
사라진 게 아니고
잠시 잊혔던 거라고.

그저 귀찮게만
느껴졌던
하루살이 비행이
살기 위한 처절한
몸부림인 것처럼
망원렌즈에 잡힌
아름다운 날갯짓
나도 날고 싶어.

할 수 있는 게

할 수 있는 게
보리밥 먹일 수밖에 없어
가슴이 미어졌을 부모 마음.

할 수 있는 게
검정 고무신밖에 신길 수 없어
눈시울이 뜨거워졌을 아버지.

할 수 있는 게
된장찌개 김치찌개
콩자반뿐이어서
투정하는 아들
싸늘히 대하던 어머니.

할 수 있는 게
공부하는 아들 지켜볼 수밖에 없는
글자를 모르던 어머닌
초롱불 아래
꾸벅꾸벅 졸고 있었다.

배 아픈 아들
쓰디쓴 익모초 안 먹는다 울 때
소화 안 된다던

어머닌
소다 먹고 물 마시고

오줌을 늦게까지 싸서
키 쓰고 이웃집 가던 아들 바라보는
마음 어떠했을까.
두더지 먹이면 좋아진다는 말에
두더지 구워서 먹이던 손은 떨고
두 눈엔 눈물이 고여.

할 수 있는 거
해줄 수 있는 거
많을 줄 알았던 나도
방황하는 아들에게
아무것도 할 수 없음에
아니 기도밖에 할 수 없음에
마음은 절구통 매단 듯
무겁기만 하다.

잠 못 드는 수많은 밤

수많은 밤
하루쯤은 잠을 안 자도
아무렇지도 않았던
젊은 날에도
밤을 새워 일하고
단잠을 깨우는
채소 장수 스피커 소리는
오늘과 내일 사이
방황하는 낮달처럼
하얗게 비워진
머릿속처럼 넘지 못할 벽처럼.

밴프 캠프그라운드
텐트에 누워
잠은 안 오고
새들 소리가
흐르는 개울물 소리가
지나가는 차 소리가
쇠 찢는 소리처럼 귓가를 맴돌아
눈을 감아도
눈을 뜬 것 같은 북소리 되어.
눈감아도 눈 뜬 듯한 시간 속에
옆 텐트 소리까지도
마음에 쌓이던.

새벽에 일어나야 한다며
일찍 잠자리 들고
잠들지 못하는 귓가엔
하루살이가 수없이 날기도 하고
모기 날갯짓이 비행기 출발 굉음소리처럼
들려 마음에 쌓이는
가랑잎처럼
흐르지 못하는 홍수 난 도로처럼
내 숨소리조차 그냥 넘기지 못해
멜라토닌 한 알로 잊으려 해도
보일러 물 흐르는 소리가
강물이 흘러가듯
귓가에 소용돌이친다.

자유로운 날에

한순간이라도
기쁜 일이 있다면
하루를 견디고
한 번의 자유가
오랜 세월 갇혀
지냄을 가능케 하듯
한 번의 비상이
때론 모든 걸 보게 한다.
궁금증도
답답함도
한 번의 비상으로
알에서 깨어난 새처럼
그리곤 몰랐으면
좋을 걸 후회하기도 한다.

때론 당신
울타리 안에 머물고 싶어
바람이 지나간 숲속처럼
나룻배 지나간 바다처럼.

아스팔트 위에 거꾸로 사는 나무

아스팔트에 다시 사는 나무
나무가 아스팔트로 내려와
살고 있는 웅덩이엔
해가 지고 땅거미만 길게 드리우는
시간이랍니다.

인연의 법칙

부모를 골라서
태어날 수 없듯이
자식을 고를 수 없고
날 곳을 정할 수 없듯이
죽는 시간도 정할 수 없다.

새로 태어나는 것도
들짐승으로 태어나는 것도
원해서 된 이는 아무도 없다.

온몸을 움직여서
땅을 기어가는 지렁이가
한순간 새들의 먹이가 되듯
몸 쓰는 노동 위엔
말 한 마디로 사냥하듯
열매를 챙기는 이가 있고.

바람이 좁은 골짜기
만나면 울듯
할 수 있는 게 없는 사람들이
목 놓아 운다.
울고 싶은 아이 때리기라도 하듯
누군가 살짝만 건드려도
눈물이 흘러 얼굴에 강물이 된다.

작은 빗방울이 모여
성난 계곡이 되듯
가슴에 서리가 쌓여가도
풀리지 않는 가슴의 강은
한겨울 냇물처럼 얼어붙었다.

탕 그릇 뚜껑을 열고
나간 독사 몸통처럼
때론 내가 한 조그마한 일이
나를 두렵게 한다.

운다고

베갯잇이 젖도록 운다고
해결될 일도
해결된 일도
없지만
마음만은 후련해서
밤새워 뒤척이며
악몽을 꾸듯
붉은 물이 눈에
들도록 울었다.

하늘이 맑은 날은
하늘이 기쁜 날이라며
함께 기뻐하고
비 오는 날은
좁은 우산을 함께 쓰며
슬픔을 나누던 날처럼
하늘은 맑은데
기쁘지 않고
비가 와 슬픈데
나눌 이가 없는 것처럼
하늘도
비도
그대로이건만
마음은 늘 변하고 만다.

목놓아 대성통곡을 한들
강을 건넌 사람이 돌아 올 리
없건마는
나 편해지자고
나 좋자고
울었던 건 아닌지.

좋은 것도 좋은 것이 아니고
싫은 것도 싫은 것이 아닌
그저 시큰둥한 날이
어제가 오늘 같고
오늘이 또한 내일 같을 수 있는
비슷한 날
비슷한 일
비슷한 만남
그래도 그게 어디냐며
하루쯤은 악몽이 아닌
흐뭇한 웃음 짓는 꿈을 꾸듯.

우린 또다시 그렇게

또 하나 나를
만들기 위해
분신술처럼
몸을 나누어
알을 낳고
씨앗을 남기듯
살아가는 일이
처절한 전쟁터 같다지만.

민들레 홀씨
바람에 날지 못하듯
그냥 누군가 먹이가
되어 버린
되어버릴
수많은 삶도
또 하나 우리 모습인 것을.

싸움에 패한
싸움닭처럼
짝짓기 실패한
곤충처럼
물러설 곳조차 없는
도시 막다른 길 끝
벼랑에 선

수많은 사람이
또 하나 우리 모습인 것을

굳이
너와 내가 다르다고
알려 주지 않아도
너의 모습이
나의 모습일 수는 없다.

벌거숭이 되어
뛰어다니는 네가
나인 것을
물에 비친 모습처럼.

어머니

가족이란 울타리 안
오직 한 사람만 희생한다면
행복한 가정일 수 없다.

아버지는 농사짓고
어머니는 집에서 밥하고 빨래하던 시절에도
엄마는 늘 밭에 수건을 쓴 모습을 하고
이랑과 이랑 끝
바지 자국 남기고
평생 선크림 뭔지도 모르고
'구르무' 가끔 바르고
립스틱조차 바르지 않은
눈썹도 그리지 않은
어쩌면 호사가들 말 빌자면
순수한 모습이었지만
저녁마다 누워서 두런두런
얘기하다 잠들어 버린
엄마의 코 고는 소리만큼이나
고단한 삶 살았다.

일본 강점기에 태어나
야학 다니다 여자는 공부하면 안 된다는
외할머니 말에
불타버린 책들만큼

속이 타들어 가 평생
까막눈으로 살았으리라.
읽고 싶은 글이 있어도 읽지 못하고
그저 보고 듣고 소문만으로
세상을 바라봤을 어머니,
그 어머니에게
소설 한자락도 읽어 주지 못하고
엄마는 그것도 몰라라고
대못 같은 화살 쏘아 댔던
어린 시절이 후회한다 한들
돌아오지 않은 얼음 칼 같이
녹지 않는 추억이다.

김치 이고 버스에 오르던 엄마가
며칠 동안 강원도 탄광 가서
김치 팔던 시간
엄마의 빈자리가 컸다고만 생각했지,
엄마 힘들었을 추운 겨울 고한 사북
탄광촌 헤매던 그 모습
머리에 그린 적조차 없다.

안개 낀 날

짙은 안개 몰려온
호숫가엔
낮이 되면
햇살이 이슬에 비춰
빛나는 날이 되리라.

때론 안개 낀
모습이 아름다운
곳도 있다.
보고 싶지 않은
보일 듯 말듯
옷깃 스쳐 간 인연처럼.
보일 듯 말듯
생각날 듯 말듯
손가락 사이 빠져나가는
모래알처럼.

긴 터널 저편에
빛이 비치듯
태양이 찾아오면
눈이 부셔서
난 널 바라볼 수 없다.

안개 낀 호수
나룻배 하나
사공도 노도 없는 배에
나 홀로 타고
번뇌 한 움큼 쥐듯
물 한 움큼 쥐고
반개한 눈으로
돌부처같이.

빛나는 것들

촛불도 별빛도 달빛도 밤에 빛나듯이
작은 상처도 작은 아픔도 밤이면
더 쓰리다.

낮이면 햇빛이 밝아
별빛도 달빛도 촛불도 힘을 잃듯이
보다 큰 상처 때문에
보다 큰 아픔 때문에
작은 아픔은
숨을 죽인다.

세월의 강

날이 좋으면 다 좋은 듯 보이는 때가 있었다.
우울한 날이면
나도 우울해져 마음으로 울던 날이 많았다.
바람이 차가울 땐 서럽고
바람이 시원할 땐 기분이 좋아지던
날이 있었다.
그런 날들이 모여
세월의 강을 만들고.

상처

거울에 비친 내 얼굴
상처와 주름만 보인다.
돌에 찢기고
여드름 자국이 훈장처럼
얼굴에 자리하고
죽음 그림자란 검버섯도
피어 있다.

어디 얼굴뿐이랴
무릎에도
정강이에도
넘어지고
쓰러진 표시를 하듯
상처를 남기고

전사도 아니건만
전사처럼 칼에 베인 상처
불에 덴 상처
상처투성이인데
온몸은 아픔만을
기억하듯
아픈 세포만
살아 있는 듯하다.

기쁨도 가끔은
있었건만
기쁜 상처는
어디에도 없고
한때는 뜨거웠던 가슴도
강물 흘러가듯
불길에 눈길조차 주지 않는다.
바람이 속삭이는 말에도
그저 쓴웃음 한 번.

삶

자신 나이도 모른 채 살아가는
라오스 촌로처럼
눈뜨면 들로 나가 일하고
밤이면 막걸리 한잔에
세상 시름 잃고
골목길 다 쓰고도 모자라
이리 부딪치고
저리 부딪치는
도시 부랑자처럼.

평생 살아도
화장품이라고는
'구루무' 하나 바르고
눈썹조차 희미해져 보이지 않는데
눈썹도 그리지 않고
립스틱도 바르지 않은
어머니처럼
속옷 하나 사서
넝마 같은 가방에 쑤셔 넣는
라오스 부랑자 어미는
아들 장화 하나 사준 거에 만족할 뿐.

온 가족이 산 중턱에서
산 찰벼 베면서도

웃음이 떠나지 않는 모습에서
비가 오지 않으면 말라버린 샘물처럼
건조해진 우리 현실 앞에
돌아가 그곳에 서고 싶다.
메뚜기 뛰고 두더지 땅을 파는
삼태기에 꼬챙이 괴어 참새 잡던
내 고향에도 그런 날이
그런 사람들이 있었노라.

세상 바라보기

너도 보고
나도 본 세상
너는 검다 하고
나는 희다 하고.

교통사고 가해자가
피해자인 양
아프다고 하다,
네가 하는 말은
하나도 못 알아듣겠다며
갑자기 돌변하듯
세상엔 늘
종이에도 손가락 베듯
조심할 것 투성이다.

억울해서 한마디 하면
그냥 있으라 하고
그냥 기다리라더니
이젠 내가 그곳에 간 것조차
잘못이라고
함께 보고도
못 봐야 하는 세상처럼.

비 오는 날

비가 그저 땅에 닿았을 뿐
아무것도 하지 않았는데
사람들은 피한다.

비 흠뻑 맞아
보릿가리 속에 몸을 피하고 보니
비 비린내 보리 냄새 같았다.

비 억수로 퍼붓던 날
고장 난 비닐우산도 없이
망설이다 나무 아래에서
우리 말없이 비만 쳐다보는데도
귓불이 후끈 달아올랐다.

비 오는 것도 일상이고
맑은 날도 일상인데
비 오다 맑은 하늘은 깨질 것만 같은
너의 눈동자 같다.

비 그친 개울가에서
모래성 쌓고
들풀로 반찬 만들던 소꿉장난이
빗소리와 함께 걸어온다.

비 내리는 밴쿠버

징글징글혀
왜, 날마다 비가 내리는 건지
하늘이 구멍 난 건지
모른다니깐.

와이퍼가 열심히 춤추듯
흔들어 대도
빗방울이 쉴 새 없이
때려대니께
운전하고 있는 건지
비를 맞고 가는 건지
잊을 때가 많어.

밴쿠버 사는 사람치고
비 때문에 우울증 안 걸려
본 사람 있음 나와보라 혀.
홈씩이라는 게 뭐여
고향이 그립다는 거 아니여
고향이 그리우면 어쩔 거여
고향으로 가야제.
그런디 것도 돈푼이나
가져온 사람 야그지
돈 없이 온 사람들이야
여기서도 밥 먹고 살기도 힘들제.

여기 사람들 맹키로
웬만한 비는 그냥 맞고 댕기는 거여
우산 가져가면
비가 안 온대니께.
이슬비야 맞을 수도 있는디
아 마눌님이
옷에서 비 냄새 난다잖여.
끙끙 개 코처럼
말이 냄새 맡듯이 코를 벌름대며
냄새 맡아봐도
난 모르겠던데 말이지.
아파트 공동 세탁긴 더럽다고
손빨래하는 마눌한테
미안허니께 어쩌것어.
비 안 맞으려고
우산 쓰는데.

무엇을 원하든

배가 고픈 아이가
손가락 빨듯이

차를 한 번도 타지 못한
사람이 어떤 차이든
타길 원하듯

사랑이 고픈
젊은이에게
어떤 사랑인가가
중요하지 않듯이

살아야 하는 이가
어떤 삶이라도
살겠다고
기도하듯

맛이 없다고 투정하는
배고픈 이 없고

차가 고급 차가 아니라고
투정하는 사람은
아직 타고 싶지 않음이라.

사랑이 고픈
그 사람에겐
보이는 건 사랑뿐.

어떻게 살든
살아야겠다고
기도해도 살 수 없는
순간이 오면
함께 기도할 이가
필요할 뿐.

명품

마음 비우라지만
눈앞에
프라다 구찌 가방 들고 선
여인
평생 보자기 싸서 들고
함지박에 담아
머리에 이고 다니던
어머니 모습을
불러온다.

본차이나 명품 그릇에
담긴 음식
모양내고 때깔 좋은데
구수한 뚝배기
된장찌개가
화롯불 위에서 날 기다린다.

옷도
차도
신발도
가방도
사람들 쓰지 않는
명품 찾는다지만
어느 날 전철 안에서

교복처럼 모두 입은
재킷 이름이 같다.

오늘 길 가던
사람들 가방
흰 카라 교복 입던
여학생들처럼
가방이 비슷하다.

비운다 말하지만
비우지 못하고
감정을 느낀다
말하지만
한겨울 철제 의자처럼
차디찬 말 한마디,
욕망은 서산에 지는 해조차
멈추게 하려 한다.

채우지 못한
갈망처럼
명품으로 휘감아도
마음은 더욱 쪼그라들고.

동행

커피 한잔을 마셔도
누구와 마시느냐에
커피맛이 달라지고.

영화 하나를 봐도
누구와 함께 하느냐에 따라
영화가 슬퍼지기도
외로워지기도 한다.

먼 길 함께하는
동행이 누구냐에 따라
돌부리에 채여 넘어져도
기쁠 수 있고
쭉 뻗은 아스팔트길도
구불구불 휘어진 길이
될 수 있다.

물고기는 물을 떠나
살 수 없고
사람은 땅을 떠나
살 수 없고
새는 하늘을 날지 못하면
새가 아니다.

손잡고 걸어가는
길이 가시덤불이라도
따갑지 않고
손잡고 걸어가는
내내 다른 곳을 볼 수도 있다.

가는 길이 멀다고
첫걸음을 떼지 않고,
갈 수 없고
정이 통하지 않는
친구는 친구가 아니듯
나무가 비 맞고 눈 맞아도
날이 춥거나 더워도
그 자리에 있듯
늘 그 자리에 함께할 동행처럼.

반딧불

평생 시장통에서 지게 지고
살아가는 노인처럼
도시에
산다는 것은
큰 짐을 지고 살아가는 일이다.

반딧불 같은 크리스마스 트리 해놓고
반딧불을 못 잊는
겉모습만 도시인인 사람들이
가슴으로 울고 있는 것은
반딧불처럼 빛나던
멍석 위에 누워서 본
별 때문이다.

밤이 불야성처럼 밝기만 한 도시에서
마음이 어두운 사람들은
마음에 등불 같은
반딧불 켜고.

당신 생각

빛은 벽을 넘지 못하고
소리는 멀리 가지 못하듯
벽에 막혀 당신을 볼 수 없고
너무 멀어 당신 목소리 들을 수 없네.

세상 어디든 갈 것 같다던 바람도
숨죽인 따사로운 날에
양지바른 개나리 담장 아래서
돋아 오른 풀잎처럼
불쑥 찾아든 당신 생각

어떤 날 이명처럼 찾아든 당신
어느 날 꿈속에서 만난 당신
불쑥 말 걸어 온 당신은
아주 가까이 있었네.

소리가 안 닿는다고
빛이 넘지 못한다고
보이지 않는다고
잊고 있던 당신.

모계사회

엄마 누나가 땅바닥에서
밥을 먹던 때가 있었다.
아버지가 수저를 들어야
모두 밥을 먹던 시절이 있었다.

지금도 지구 어디선가는
남자가 여자 집으로 시집가듯
장가간다.
남자가 밥을 하고 아이 보고
여자는 들에 나가 일하는.

당연한 줄 알았던 일이
당연이 아니어서 놀라는 때처럼
엄마가 아빠 되고
아빠가 엄마 되고

아직도 집에 돼지 기르고
닭 기르면서 살아가는 그들 속에
나의 과거가 거울 보듯 보이고
나의 어머니가
나의 아버지가 보인다.

닭

닭이 날지 못한 건
어제오늘 일이 아니지만
닭이 걷지도 못하고
돌아눕기조차 힘든
좁은 닭장 안에서
그래도 살 거라고
고개 쭉 빼고 모이를 쫀다.

닭 날개는 둘뿐인데
넌 도대체 닭을 몇 마리째
먹는 거니
생맥주엔 닭이라며
밤을 지새우는 도시에서
날개 잃은 닭들이,
새벽이 왔다고 홰를 친다.

사람들이
닭을 닭장 안에 가두더니
언젠가부터
자신도 닭장에 가둬
닭장은 높아만 간다.

기억 창고

억지로 기억하려 하면 할수록
용수철 튕기듯 튕겨 나오는
기억 저장 창고엔
길을 걷다가도
버스 타고 가다가도
잠을 자다가도
불현듯 떠오르는 기억들
물에 잠겼던 낚싯바늘에
물고기 잡혀
찌가 쑥하고
들어가는 순간처럼
나 또한 시간 이동하듯
공간 이동하듯
현실을 떠나곤 한다.
뭐 대단히 자랑할 기억도 아니고
더 큰 상처 안고 살아가는 사람도
많은데
기억 속에 쭈그려 앉아
울고 있는 나를 본다.
나는 자랑스러운 태극기 앞에 라든지
우리는 민족중흥의 역사를 띠고
이 땅에 태어났다든지
병 441기 병장 누구 하는 기수 표는

옥수수 알갱이처럼
줄줄이 빼곡히 박혀
정작 내가 기억해야 할
내가 타고 가는 버스 번호도 잊고
내가 쓴 글조차 낯설다.
유행가 가사도 제대로 끝까지
외우는 게 없고
핸드폰 없으면 전화할
전화번호조차
하나도 떠오르지 않는
뒤죽박죽 기억 창고엔
늘 고양이 세수하듯 개울물에
세수하고
검정 고무신 모래알 털어내던
내가 어두운 터널 같은
기억 창고 헤매고 있다.

개벽처럼

하늘이 닫혔다 열린다면
이런 모습을 하고
우리 앞에 나타나려나 보다.

날마다 내리는 밴쿠버 비는
새로울 것도,
신기할 것도 없는
어쩌면 당연한 일인지도 모른다.

그 옛날 교실에서 다음 시간인
체육 시간에
제발 비가 와달라고 빌듯이
오늘은 제발
비만 오지 말게 해달라고 빌었다.

그래서 그랬는지 몰라도
비는 내리지 않고
잿빛 하늘만 인상을 잔뜩 찌푸린 채
우릴 쳐다보는 듯하다가
블랙마운틴에 올라서
개벽처럼 열린 하늘을 보았다.

나도 모르게 환호성 치며
날씨 때문에 웃음 짓던 날
안개비 우윳빛으로 흩날리던
하산길에도 얼굴 촉촉이 적시는
안개비 손길 느끼며
행복한 웃음 짓는다.

그냥 그렇게

들에 핀 들꽃도 아침이면
세수하듯 이슬 머금은 들풀도
원래부터
그곳에 있는 줄 알았습니다.

이름표가 달린 수목원 나무 앞에
원래 이름조차 없던
야생 원시림 그네들
모습을 그려봅니다.

채소 포기마다
김을 매고 때론 벌레 잡아내며
기르던 농부 마음처럼
누군가 밀림 속 김을 매고
벌레 잡지 않아도
너무 많은 씨 뿌렸다고
솎아 내지 않아도
우주 법칙대로
삶의 법칙대로 살아가는 밀림

2부

기억이란 이름으로

기억이란 이름으로

오십 년 넘게 기억한
기억 편린들이
저장한 사진처럼 선명하지 않아도
나도 모르게 감정까지 되살아나
눈물 머금게 되는 시간 속에
버려야 채울 수 있다고
다짐하건만.

해마다 아름답게 세상을 수놓고
떨어지는 단풍마저도
기억하는 저 깊숙한 기억창고엔
끊어지지 않는 질긴 인연의 굴레.

기억해야 할 웃음들은 다 어디 가고
슬픈 기억들만 그곳에 남아
비 오면 가슴을 비처럼 적시고
모자이크 파편처럼 기억나는
기억 속 고해 성사를 하지 못하고 돌아선
아픈 날들처럼.

가을 따라 걷다

날마다 차로 건너던 다리에서
물 위 노니는 새들처럼
물길 따라 걷는 나의 눈길
물 위를 건네.
누군가 누웠던 자리
다리 아래서
나도 한번쯤
그럴 수도 있다는 생각에
찌그러진 맥주 캔
흐트러진 이불
어두운 바람이 분다.

산책길 홀로 걸어가면
도심에 버려진 영혼 같다.
다리 아래서 들려오는
영혼 울부짖음처럼
혼 없는 소리 울림
물결로 물살 위에 퍼지고.
언젠가 새벽 출근길 차 안에서 본
코요테처럼
허기진 영혼
털갈이 같은 웃음.
꽃 속에서 영혼을 찾는다.

가슴 아픈 날엔

먼 산 바라보며
소가 여물 씹듯이
인터넷 마구 뒤져
뭔가 찾으려는 나.
배가 고파서
먹는 것 아닌
습관처럼 입에 넣고
뭔가 씹듯이
눈에 보이는 모든 것이
입으로 눈으로 들어가고.

먹어도, 먹어도
배부르지 않는
뻥튀기처럼
허한 것은 가슴이었나 보다.

슬픔이 찻잔처럼
마음 한구석 지키고 앉아
갈 길 모르고 헤매는
나그네 같은 마음으로
구경하나보다.
가을 문턱에서.

어둠조차 늦잠 자고
일어나길 싫어하는 날.
아침바람 찬바람
슬쩍 와서 내 옆구리를
툭 건드린다.
옥수숫잎 부딪치는 소리가
스산한 이 새벽에.

해바라기 함박웃음 짓고
나뭇가지에 걸려
펄럭이던 비닐 한조각도
스산스레 다가오는데.
갑자기 잊혀진 계절처럼
뒤돌아선 여름
달래려 뒤돌아본다.

가을처럼

가을은
마지막 미소 짓고
바람과 함께 솜털처럼
가벼운 몸짓으로
욕심 한 가지 내려놓았지.

삶이란
홀로 시작해
홀로 마지막을 끝내는 것이라지만
비우지 않고는 채울 수 없는
술잔처럼
마지막 잎새
바람과 함께
부대끼면서도
웃음 한번 내게 주고.

내가 걸어온 길
누군가가 걷는 눈길처럼
비슷하지만 다른 길을 가는
인생길에
많은 것 두고
그저 가벼운 몸짓으로
사뿐사뿐 걸어가는 가을.

청춘 푸른 시절 함께한
모든 이를 두고
웃으면서
사뿐히 즈려밟는 걸음으로
지나온 발자국이 아름다웠음을.

가족사진

빛바랜 벽지 위에
꽃무늬 벽지보다
더 빛바랜 액자
액자보다 더 오래돼 보이는
누렇게 변해버린 사진.

그렇게 할아버지를
그렇게 외할아버지를
만난 어린 시절엔
그저 신기한 갓쟁이
할아버지였고
그저 볼품없는
하얀 한복이었다.

그곳에 내 어린 시절
하나 둘 더해지고
그곳에 아버지 발자국이
그곳에 어머니 발자국이
더해져서

어느 날 그 추억을 두고
훌쩍 떠나온 고향.
어느 날 그 추억을 두고
훌쩍 떠나온 조국.

이민 초 영어교실
결혼 영상 공개하면서
영상 속 내 모습
영상 속 공간
다시 살아난 듯 했지만
이제는 영상 속에만
살아 있는 부모님과
장모님 모습
날아가는 나비가
장모님처럼 보인다.
날아가는 잠자리가 아버지처럼 보인다.
연꽃 속에 엄마가 계실 것만 같다.
살아 숨 쉬는 가족사진처럼.

갈대가 바람에

갈대가 바람에
흔들릴 때마다
반짝인다,
은빛 갈치처럼.

갈대가
바람이 불 때마다
춤을 춘다,
가녀린 여인 치맛자락처럼.

갈대가 바람에
일렁인다,
물결처럼 마음처럼.

감정

감정이란 옷과 같아서
때론 화려하게 때론 쓸쓸하게
표현되는 것이다.
감정은 계절에 맞추어 옷 갈아입듯
누굴 만나든 누굴 사랑하든지
나를 그에게 보이고 싶고
때론 두꺼운 외투처럼
감추고 싶은 것이다.
비바람 부는 날엔 우비 입듯
우리 감정도 울고 웃으며
옷을 입는다.

거울 앞에서

얼굴에 그려진 주름만큼이나
마음에 주름진 아픔
거울 앞에 선 나를 본다.

한때는 숱이 많던 머리도
못생겨 보인다는 생각 한 적이 있는데
이제는 황무지 같은
머리가 나의 얼굴이라며 거기 서 있다.

거뭇거뭇 나던 코밑수염이
면도기로 밀면 더 까맣게 난다고
절대 밀지 말라던 형들 말에
손에 잡히도록 그냥 두었던 까만 교복 중학생.

거울을 보지 않아도
자신감 넘치던
젊은 날엔
손으로 머리 쓸어 올려
내 모습이 그려지던
공중에 뜬 풍선 같은 마음으로
살아가던 날들.

이젠 거울 앞에 내 모습이
늘어난 몸무게만큼이나

내려앉은 마음은 아니었던지
자꾸만 빠져버리던 오래된 자전거 체인처럼
이젠 닳아서 하나 둘 잊혀가는
누렇게 변해버린
앨범 속 사진같이
잊혀버린 나의 너.

옥수수 알갱이처럼 수없이 박혀있는
수많은 날이 수없이 많은 사연으로
거울 앞에 내가 그를 맴돈다.

거울 앞의 내 얼굴

어린 시절 낡은 꽃무늬 벽지 위에
누렇게 색이 바랜 액자
갓 쓰고 흰 두루마기 입은
외할아버지.

그땐 낯설기만 했던 그 모습
이제 와 거울 앞 내 모습 비교하니
비슷해져 감을 느끼네.
내 나이 이십 대 간암으로
이미 세상을 등진
외삼촌들 모습도 떠오르고.

눈가에 어른거리는 외삼촌 모습.
주름진 얼굴엔
어머니 모습까지.
바위에 새긴 이름처럼
내 얼굴엔 외할아버지
외삼촌 모습이
어머니 모습까지.

넌 외탁했나 봐
바람으로 다가온 조상들 얼굴
내 얼굴에 그림자로 드리우고.

국수 한 젓가락

국수 한 젓가락
입에 물고 나니
한여름 포도송이처럼
주렁주렁 딸려 오는
그리움들.

국수 한 가닥 손에 쥐고
아장대던 조카 모습이.

막국수에 벌겋게
방금 무친 겉절이를
쭉쭉 찢어 한 가닥 올린
새참.

하루 새끼를 국수와 라면으로
때우던
학교 앞 조그만 국숫집
'배고플 테니 밥 말아 먹어 학생' 하던
대학로 손칼국수 할머니까지.

구멍가게의 추억

학교 앞 구멍가게엔
학용품만 파는 게 아니었지.
쫀디기도 팔고 뽑기도 팔고
먼지 뒤집어쓴
자야와 라면땅도 있는
우리들 천국.
어른들은 몰라
불량식품이 얼마나 맛난지.
어른들은 몰라
우리가 공책보다
전과보다 수련장보다
뽑기에 열광하는걸.

그래서일까 캐나다 이민 후
그로서리에서 만난
한국인 주인과 친해져
친척인 양 드나든 건
복권은 그냥 미안하니
팔아 주려고 한 것이고
어린 시절 자야와 라면땅 없는
감자 칩과 초코바
껌조차 생소한 모양을 한 채
이국 느낌을 들게 했던.

이젠 사라져 버린 학교 앞 구멍가게
이젠 고층아파트로 바뀌어 버린
그로서리 이십 년 전 추억.

국민학교

1.
책상 위에 줄 긋고 넘어오지 말라던
짝꿍이 싸 온 밥 위엔
달걀부침 하나.
내 밥엔 보리가 반.
짝꿍 밥반찬은 오뎅 반찬 .
내 반찬 김칫국물 흘러
책 귀퉁이 빨갛게 지도 그렸다.

덩치만 커다래 가지고
기술조차 없어 넘어지기 선수였던
씨름부에서도
달려도
달려도 뒤로만 달리던
육상부에서도
화장실 똥 퍼서
고구마밭에 뿌리던 아이
개 끌고 걷던 길엔
개줄이 없다.

2.
국민교육헌장을 못 외우면
집에 안 보내준다는 말에

정말로 집에 못 가는 줄 알았던 아이.
구구단을 못 외워 제일 늦게까지 남았던 아이.

육성회비를 못 내
일어서서 얼굴 붉히던 아이
소원은 잔멸치 볶음에
계란프라이 하나 얹은 밥이었다.

퇴비를 방학 숙제로 내고
'바다'란 단어를 모르던 아이.
콧수건 가슴에 달고
입학식엔 비가 와 논 같은 운동장 대신
옥상에서 입학식 하던 그 아이들.

절골로 소풍 가서 보물찾기 못 해
울던 나에게 보물 하나 건네준 숙이.
운동회 날 보재미 던져 터진 박에서
보물이 터질 줄 알았던 아이.

쭉쭉 찢는 쫀디기와
신문지 꼬깔콘 뻰 대기 좋아하던 아이.
컵 하나 가방에 걸고
빵과 우유 기다리던 그 시절엔
우유는 끓인 걸로 알던.

머나먼 이국땅 초등학교서
추억이 그림자 되어 내 그림자 위에 섰다.

그 마음속에

그대
긴 밤 잠 못 이루고
왜 그리 뒤척이나.
비바람 소리
거슬렸나
바스락대는
발자국 소리
거슬렸나

그대
잠 못 이루는
수많은 날엔
근심 걱정 별보다 많아
하염없이 눈물만
흘려야 하던 날들이.

그대
숙제 끝내지 못한
학생처럼
학교 가기 두려워하고
밀린 업무보다
말도 안 되는
질책을 두려워하는.

같은 듯 다르게

날마다 같은 시간에
같은 일을 한다고
다른 날이 같은 날이 될 수 없듯이.

날마다 같은 시간에
비가 온다 해도
다른 날이 같은 날이 될 수 없다.

날마다 같은 시간에
만나는 사람이 있다 해도
어제 만난 그 사람이 오늘 만난
그 사람일 수 없다.

날마다 같은 시간에
보는 풍경도
어제가 오늘보다 밝은 것은
그대가 그렇게 느끼기 때문이다.

날마다 같은 시간에
같은 태양 아래서 걸어간다고
어제 걸은 그 사람이 아니듯
오늘도 내일도 같은 듯 다르게.

그 시절엔

밥 먹고 나면
한 숟가락 소다 털어 넣고
물 한 모금 마시고.
배가 아프면
익모초 그 쓰디쓴 한 사발을 들이키고.
머리가 깨지면
된장 붙여 소독하고
오징어 뼈 갈아 붙이던 그 시절엔
설사약 있는 줄도
몰랐던 그 시절에도
그렇게 우리는
살아남아
상처마다
빨간약 바르며
딱정이 앉은 상처에
안도하던 순간에도
우린 헤벌쭉 웃고 있었지.

얼굴에 버짐 피었어도
웃고 있던 그 아이는
소 눈망울 속에 있던 호수처럼
호수 하나 자리 잡고 있었지.

팬티라는 단어조차
모르던 아이
바람 숭숭 들어오는 홑겹 바지에
한겨울 얼어붙은 논두렁
농로 가면서 서리 앉은 나무처럼
다리가 얼어붙고 있었지.

밭 가운데 바보처럼 서있는
보릿짚 무더기에서
놀기 좋아하던 아이들.

손은 추위에 트고
비누며 치약조차 모르고
아버지처럼 소금으로
이빨 가끔 문질러도
누런 이 드러내 웃을 수 있는
아이들이었지

신발은 달랑 하나
검정고무신
그래도 좋다고
물에 들어가 뛰다가
툭툭 털어내고 뛰어 가던
아이는 아주 많이 시간이
흐른 후에
운동화가 편하다는 걸 알았지.

장난감도 없던 아이는
고무신이 장난감이고
고무신이 친구였던 개울가에서
맑아서 속이 훤히 보이는
개울에서
모래장난도 하고
진흙으로 만들기도 하던
상고머리 소년이었지.

호기심이 많아 광에서 알 낳던
닭처럼 쭈그리고 앉아도 보고
수수대로 만든 활로 새들
잡을 거라며
닥나무로 만든
활을 쏘던 그 아이는
눈에 호수가 있었지.

그곳엔

나 그곳에 살고 싶어라.

플라스틱 빗이
수북이 꽂혀있는 화장실 보며
참빗 하나 겨우 있던
그때.

수북이 쌓인
플라스틱 그릇 속에
박으로 만든
바가지
두레박으로 길어 올린
냉장고 물보다 시원한 물
한 그릇 마시고
차도 다니지 못하는
오솔길.
아침이슬 맞으며
웃음 짓고
들꽃과 얘기하는 아이.

그날은

구름이 좋은 날이 있었다.
사람들이 순수한 날이 있었다.
호수가 맑은 날이었다.

나무들이 말을 걸고
낙엽조차 눈인사하는
함께라는 단어가 이쁘게
들리는 날이었다.

그땐 그랬지 1

옷을 앞뒤 거꾸로 입고
왠지 모를 불편함에
옷매무시 자꾸만 만지던.

옷 안과 밖 뒤집어 입고
편안함에 흐뭇해하던 아이는.
옷 속 이 만큼이나
머릿속 이가 싫어 투덜대면
따스한 겨울 툇마루에
어머니 이 잡기가 시작되고
누이는 참빗으로 머리를 빗고
한 달에 한 번 장작불에
뜨거운 물 데워 고무 함지
찬물 섞어 만든 용천수로
부엌에서 씻겨줄 때면
아이는 행복함에 함박웃음 짓고.

그땐 그랬지 2

문풍지 떠는 소리가
유난스럽게 들리던 겨울날.
아버지 생소나무 태우는 연기
매캐하게 온 집안 소독이라도 할 듯
휘돌고 나면.

그래도 따뜻한 아랫목 차지하고는
천장에서 쥐들이 뛰어놀든 말든
세상모르고 자다가 스멀스멀 스미는 추위
새벽이 오면
슬그머니 부엌에 나가
새벽밥 하던 어머니와
소죽 쑤는 냄새가 코를 벌름거리게 하고
이내 따스함에 취해 꿈 잠에 빠져들었던.
오늘 유난히도 보고 싶은 문풍지와
석회 바른 벽돌 사이
동그란 문고리에
손이 쩍하고 들어붙는
그곳에 가고 싶어.

벌겋게 살아있는 화롯불에
된장찌개 온천수처럼 끓고 있는.

아무 말 없이
내 곁에 와있는 어머니 계신 그곳으로.

그땐 그랬지 3

개울가엔 쿰쿰한
감자 썩는 냄새
진동하고.
논에는 벼가 파릇이 살아
녹색 그림을
물 위에 그리는데.
빨래하는 아낙들
한시도 쉬지 않고
말하고 웃는다.

여리디 여린 열무
개울가에서 씻는
엄니 옆에서
내 어린 시절은
여물어가고
흑백사진 속 내가
살아 돌아온
그 시절.

그런 사람 또 없습니다

그런 사람 또 없습니다.
한때 그토록 사랑했고
그래서 사랑한 만큼이나
절망의 시간도 길었고
그 깊이 또한 아주 깊었던.

우리 인연이 거기까지인 걸 알았다면
그리 허망하게 시간 보내진 않았으리라.
때늦은 후회인 줄 알면서
뒤돌아선 그분의 뒷모습에
가슴이 싸늘해 왔지요.

내가 가장 아파할 때
내가 가장 괴로워할 때
내 곁을 지켜주던 그 눈길 그 손길…
그땐 몰랐습니다. 그게 오래지 않음을.

하루살이가 불빛을 찾아 날아들 듯
그저 그 순간만은 그리 살고자 했습니다.
초라한 자취방에서
라면으로 끼니를 때우면서도
그 순간이 가장 행복하다고 생각했습니다.

소죽을 끓이면서 먼 산 바라보던 소년은
산 너머엔 새로운 세상이 펼쳐질 줄 알고
산 넘고 물 건너
멀리 멀리 산길 달린 적도 있고
기차 타고 무작정 달린 적도 있습니다.

그 여행의 끝에서 나 홀로인 걸 발견하고
날마다 얼굴 마주 하던 얼굴들
날마다 함께 먹고 마시던 얼굴들
그중에 오롯이 떠오르는 얼굴을
가슴에 묻어야 했습니다.
내가 그날로 돌아 갈 수 없듯
그분이 그날에 멈춰 있을 수 없고
매미 울음소리가 그치면
고추잠자리 노니는 호숫가에서
그 순간을 떠올립니다.

내가 아는 그분은 어쩌면
다른 세상에 계신 듯도 합니다.
늘 함께 한다고 생각했는데
물을 움켜쥐면 빠져나가듯
그 분 가고 없는 방에서
세상에 맛있는 걸 다 먹어 봐도
아직 그 맛을 다시 맛보지 못했습니다.
그건 깊게 주름진 손으로 투박하게
지어낸 이름조차 없는 죽이었는데 말이죠.

그리운 것들

사막 발자국처럼
바람 불면 사라지는
그리움
오아시스 찾아 떠난
인생길.

바람이 만든
모래언덕
촘촘히 난 내 발자국처럼
그리움도 따라 걷는다.

저 언덕
저 모래산
내일은 어디에 있을지라도
발자국 촘촘히 남기고
그림자도 따라 온다.

그림자

앞서가는 그대는
나의 그림자.
꼭 닮은 모습을 하고
내가 한발 앞서면
함께 한발 앞서는.

내가 눈 위 걸으면
함께 눈 위를 걷고
내가 사막 걸으면
함께 사막을 걷는.

뒤따라오는 그대는
나의 그림자.
나보다 더 큰 키로
성큼성큼 따라오는
두려움보다 믿음이 앞서는
당신

거울에 비친 내 모습보다
더 가까이서 내가 아닌
나의 모습으로.

기도

아무도 없는
불 꺼진 방
촛불 하나 켜고 나면
발가락부터
스멀스멀 올라오는
따스함.

물결이 퍼지듯
흔들리는 불꽃에서
들려오는 함성.

얼어붙은 손이 녹듯
찢겨진 마음에서
빛줄기 새어 나온다.

요동치던 파도가
가슴에서 사라지고
잔잔한 물결.

밴데지 꼭 조이는
손가락 끝같이
마음 졸라매던
나날들 시림은

겨울날 얼음 창끝보다
더 날카롭다.

나의 마음에서
따스함이
온방 가득 온기로
가득 차고
이마에 송글송글
맺힌 땀방울
얼음 같은 바닥을 녹인다.

느낌

혓바늘 돋아
입 안 가득
와글대는 모래처럼
때론 아카시아 가시
박힌 손처럼 아려오는.

사과 한 입 베어 물고
강물 사이 밧줄이
통하고 튕겨지듯
신맛이 온몸으로.

꿀 향기 같은
단맛이 찰나에
멈춰버린 머릿속.

때론 푸석하고
풀죽은 사과에
아이 이유식 내밀듯
뱉어 버리고 마는.

눈 감고
발그레 곱게 익은
사과 하날 만져본다.
눈감으면 보이는 너처럼.

길 2

우린 머나먼 길을 간다.
때론 쭉쭉 뻗은 하이웨이를 지나고
때론 구불구불 휘어진 길을 천천히….

우린 머나먼 길을 간다.
때론 바위가 있고 개울이 있는 곳을 지나고
때론 꽃으로 휘감아진 꽃길을 간다.

우린 머나먼 길을 간다.
때론 비가 내리고 눈이 내리는 길을
때론 구름을 탄 듯 양탄자를 깐 듯한 오솔길을.

우린 머나먼 길을 간다.
때론 우리 웃음이 창호지 문으로 새어 나가고
때론 나의 형제자매가
아주 먼 길을 가는 걸 배웅하는
힘겨운 길을 가기도 한다.

우린 머나먼 길을 간다.
때론 혼자서 쓸쓸히…
때론 너와 나 우리 모두 함께 손잡고.

꽃상여 타고

이 세상 사람들과
마지막 한바탕 서러운 파티.
이제 가거든 다시 오려 생각 마소.
구천에 떠도는 영혼은
누구라도 환영하지 않으니.
다리 건널 때마다 福錢으로
가는 길 빌듯이.
다리마다 냇물마다
시퍼런 칼날처럼 여기고
다시는 돌아오지 마소.
여운이 남는다고
뒤도 돌아보지 마소.
어린 시절 상여 위에서
요령 흔들던 아버지도
이젠 돌아오지 않으시니.

이제 가면 언제 오나
아버지 음성만 귓전을 때려.
허리춤서
꺼내던 하얀 고무신과 수건
이젠 세월 흔적으로 남아

꽃상여와 함께
가슴에 묻었으니
강 건너 마을에서
꽃밭 나비처럼 사소서.

꽃 언덕에 서서

나무 사잇길 가는
길동무
산허리 돌아서면
계곡물 우렁차게 소리치고
꽃밭인지
꽃 언덕인지
구분 가지 않지만.
너를 만나서 반갑다고
수없이 말했는데.
꽃 사이로 난 길
굽이굽이 돌고 돌아.
메밀꽃인 줄로만 알았더니
너는 발레리나
보석처럼 반짝이는
헤더 꽃에 취해
노오란 별인 양
꿈꾸는 너는 에니카라지.

꽃밭에 주인도 없건만
꽃밭에 보살펴줄 이도 없건만
스스로 피어나 사랑을 모두
받아 더욱 화사해진 너의 모습에서

꽃길만 걷게 하리라던
약속은
이미 잊은 지 오래건만
난 오늘도 꽃길을 가네.

꽃길이야 여기뿐이랴마는
너를 두고 가는 마음이
아쉬워서
자꾸만 고개 돌려 뒤돌아본다.
나에게 꽃길 걷게 해준 너에게
마음의 꽃 한 아름 보내며.

꿈같은 날에

변화가 많은 날이었지요.
마음의 변화도 많은 날이었지요.
눈으로 보고 가슴으로 느끼는 데까지
걸리는 시간은
찰라면 충분한
그런 곳에서
손에 잡힐 듯하면서도
손에 잡히지 않는 추억처럼
눈은 내 눈을 스쳐 지나가고
땀이 등줄기 타고 내려도
손이 시려 손을 움츠리게 되는
추억을 소환해
오래되어 빛바랜 사진 한 장 내밀듯
꿈같은 날이었지요.

그래도 살아남아

그래도 살아남아
닳아서 못쓰게 된
짚신 한 켤레라도 남겨두고.

그래도 살아남아
먼 길 고향 땅
멀고도 먼
달 뜨는 그곳을 향해
고개 숙여 기도하며.

그래도 살아남아
너의 얼굴 같은
내 얼굴
달님처럼 웃을 날 있기를.

그래도 살아남아
눈 위 발자국처럼
갯모래 흔적일랑 남기고
걸어가는 이 길이.

나, 바람 되어

나 죽거든
아무런 흔적일랑
남기지 말고

자전거 탈 때 넘어지지 않으려
끝없이 밟아온 페달처럼
외줄타기 하듯 살아온 세월일랑
망각 차 한 잔으로 잊고
구름처럼 흘러
민들레 홀씨 되어
먼 길 떠나리니
가는 길에
보랏빛 도라지 꽃밭도
메밀꽃 양탄자도
유채꽃 향기도 지나

꿈꾸듯 잠든 듯
바람되어.

나도 모르게

나도 모르게
코스코 다니는 학생처럼
매 주마다 장 보러 간다.

나도 모르게
그 거리 신호등에서
우회전한다.

나도 모르게
전철을 타면
그 자리에 앉듯
그 자리에서 사진을 찍고.

나도 모르게
컴퓨터 켜고
해 뜨면 들에 나가듯
일터로 향하고
그렇게 흘러가는지도 모를
구름처럼 흩어져간 날들.

나비처럼

하얀 나비처럼 날고 싶다.
아니 하얀 나비와 함께하고 싶다.
다가가면 멀어지는
나비와 숨바꼭질 아닌 숨바꼭질 한다.
너는 너 나는 나
데면데면 해지려 고개 돌리면
실눈 뜨고 널 본다.

그럼 나비는 날아와 내 모자 위에 앉아
위로하고.
그래도 널 보고 싶어
널 찾는다.
모자 위에 앉은 줄도 모르고.
바람이 살짝 널 밀어
네가 떠나갈 때
난 보았네
내 그림자가 널 따라가는걸.

어둠이 오기 전
추운바람에 눈 내리기 전
볼 수 없는 햇빛 잊어버리고 .

내 그림자가 날 따르듯
날 따라와

꽃밭을 나는 나비야.
내 그림자가 널 따르고.

나의 꽃밭에

화단에 꽃 심고
물 주던
어린 시절이 떠오릅니다.
채송화는
장독대 돌 틈새에 자리 잡고
도라지꽃
보라 하얀 색으로 색동저고리라도 입은 듯
뒤뜰 채마밭 꽉 채우고
맨드라미 꽃도 닭벼슬보다 멋있게
머리를 한껏 쳐들고
봉선화도 이쁘게 피던
그 초가집엔
지붕 위에 박이 자라고
돌담 위엔 호박이 질세라
노란 황금꽃 피우던
언제나 가고 싶어도
이젠 영영 볼 수 없는
어머니와 아버지와 함께 가슴에 묻어두고.

내 마음에

내 마음에
봄비가 내리는 날이면
하염없이 길을 걷는다.

내 마음에
천둥 · 번개가 치던 날
바닷가에 서서 바람 되었다.

내 마음에
하얀 빨래가 너울대던
빨랫줄 앞에 서면
엄마 앞에 아이처럼
뽀송뽀송한 마음이 된다.

내 마음에
가장 빛나던 날은
길 떠나는 내가 빈손이던
꿈속이다.

나의 어머니

어머니, 내 어머니, 눈을 감고 귀를 막아도
장님처럼 손 더듬어
어느 한 곳인들 찾아내지 못할 데 있으리.
하지만 어머닌 바람 되어
햇살 되어 내 곁에 왔네.

발자국 소리가 들리면 부엌문
삐그덕 열리고 청솔가지 태우는
연기가 방까지 스며드는
툇마루에 앉아
동네어귀 바라보면 아카시아 향기가
먼 길 휘감아 돌아 내 태어난
고향내음처럼.

늘 떨어진 옷을 꿰매던
어머니 모습은 수선집에 앉은 여인만 봐도
그 자리 앉아 계시고
들녘 쭈그려 앉아 일하는
인도 여인 모습에서
길기만 하던 밭고랑에 앉은
어머니 모습이 있다.

나의 천국에서

빨강 노란 꽃이 피고
여인네가 뿌린
샤넬 5보다 더 진한
향기가 나는.

날이 좋아
볕이 따스한 날에
하얀 나비 날갯짓처럼
하얀 비단 입고
춤을 추리니.

구름이
함께하자고 잡아 당겨도
볕이 좋아
새싹이 움트는 날에.

봄비 1

누구 발자국일까
내리는 빗소리
들리는 발자국 소리에
고개 들어 창가를 보니
비가 걸어간다.
비들이 걸어간다.
조금은 슬픈 노랫소리처럼
때로는 연가처럼
비가 뛰어간다.
어딜 가는 걸까
어디로 가는 걸까
춤추듯 흔들리며
걸어가는 빗속을
나도 함께 간다.
슬픈 연가에 맞춰
스텝을 밟으며.

봄비 2

한 방울 빗물에도
그려내는 우주.
그 우주를 보고 있자니
한낮에 세상을 품고
봄바람 불어
교향곡 연주하네.

뚜벅뚜벅 걸어가는 길
신발 위에 튀어 오른
우주 파편.

가다 보면 우주와
춤을 추는
내 발자국.

낙타가 사막으로 간 이유

낙타가
사막을 떠나지 못하는 건
물고기가 물을 떠나지
못하는 것과 같아.

낙타는 말하지
나도 힘들다고
나에게 너무 많은걸
원한다고
난 짐을 나르기 위해
태어난 게 아냐.

말이 그저 본능으로
달리기 좋아할 뿐
경주를 하기 위해
태어난 것이 아닌 것처럼
낙타도 코끼리처럼
마시고 먹고 즐기고 싶을 뿐.

소나 돼지가
먹이가 되기 위해
태어난 것이 아닌 것처럼
낙타는 사막에 사는 것이
좋을 뿐.

말보다 사막을 더 잘 걷고
발바닥이 더 넓고
물탱크가 있어
태양이 뜨거운 입김을 토해내도
낙타는 길가는 나그네처럼
그저 불길을 갈 뿐.

나는 누구인가

비가 와서
햇볕이 따스해서
파르라니 솟아오른
새싹 보기에 좋아
뒤돌아보니
보기 좋던 꽃들이
바닥에 누워
꼼짝을 않고 있네.

숨조차 쉴 수 없는
좁디좁은 지하에
비가 오는지
바람이 부는지
햇빛이 드는지
알지도 못하고
시간이 가는지
세월이 가는지
알지도 못하는
그 많은 세월 속에 씨앗은
싹도 틔우지 못하고
바람에 민들레 홀씨처럼 날아가기조차
못했으니.

빛이 들면 나아지려나
빗물이라도 스며들면 나아지려나
바람 불면 나아지려나
눈이 있어 보지 못하고
귀가 있어 듣지 못하고
입이 있어 말하지 못한
긴 세월 속에.
가슴에 큰 얼음 하나 묻고 사느라
온몸이 얼어 버린 줄도 모르고.
낮을 밤 삼아
눈을 감으면 더 넓게 보이고.
귀를 막으면 더 깊이 들리는
순간이 오면.
난
아무것도 아닌 그저 그곳에 있다.

날마다 같은 길을

날마다 같은 길을
걷고
날마다 같은 길을
달리고
날마다 비슷한 뉴스를
보고
듣고
날마다 비슷한 사람들을
만나고
날마다 비슷한
밥을 먹는
어제와 오늘이 비슷한,
그런데도
내일은 어찌 될지 모르는
살아가는 일이
오르막 오르는 차가
숨을 헐떡대듯
숨을 조여오는 많은 일들.

전쟁 한가운데 살지 않음에
테러 한가운데 있지 않음에
목젖을 움직여 침을 삼키듯
숨죽여 살아가는.

돌아보면
같은 날이
아주 다른 날이었음을.

컴퓨터에서
핸드폰에서
쏟아지는 아주 많은 일이
스쳐 지나간 인연처럼
스쳐 지나간 별똥별처럼.

낡은 구두

새 구두가 아니라서
뒤꿈치 깎는 일도
새 구두가 아니라서
불편하지도 않은.

오래된 친구처럼
있는 듯 없는 듯
함께 길을 가는
낡은 구두.

그래서 또 그리워지는
검정 고무신
물에도 들어갔다
마음 찌꺼기 비우듯
툴툴 털어 버리고.

부담조차 없이 편한
고무 털신
편한 친구 같이
산사 툇마루에
놓인 털신 한 켤레
하얀 고무신처럼.

욕심내지 않는
편한 친구 같은
낡은 구두.

남자라서

요강에 어두운 호롱불 불빛 아래
오줌을 무릎 꿇고 누는 건 불가능했다.
그래서 늘 엄마 누나처럼
앉아서 누는데
아버지가 남자는
앉아서 누는 게 아니라고.

호롱불도
남폿불도 없는 캄캄한 밤
화장실 가는 건 불가능했다.
그래서 퇴비장은 나의
오줌 누는 곳.

그래도 밤에 배가 살살 아파지면
눈 크게 뜨고 갈 수밖에
없는 변소에서
소나무 반 쪼개 걸쳐 놓고
못 박아 놓은 그 위에서 미끄덩
한발이 아래로 쑥
한밤중에 울면서 마당에 선 아들.

엄마는
얼굴 하나 찡그리지 않고

씻기고 독이 올랐을지 모른다고
걱정했다.

그런 엄마가 그리운
화장실 양변기 앞에 쪼그려 앉은 난
오늘도 서서 쏴 파편 튀겼다고
아내한테 혼이 났다.

한겨울 변소엔
석순처럼 솟아 오른 것들 피해
이리 앉고 저리 앉고
발판에 미끄러지고
연탄재라도 있었으면 좋으련만
연탄구경도 못한 시골 소년은
지난해 공부한 찢어진 책만큼이나
시린 엉덩이를 들썩이며
캄캄한 변소에서
꿈을 꾸고.

화장실 가면서도
심심해서 셀폰 들고 가는
내가 낯설다.

길에서

어제 걸었던
그 길이 오늘은 낯설어

그제도 걸었던 길을
처음처럼 두리번거리고

어제는 비 내려
앞도 제대로 볼 수 없던 길이

오늘은 금방이라도
깨질 듯한 푸른 유리 같은
하늘아래

라이온스게이트 다리 가로등 불빛 타고
그 깨질 듯한 그곳에 가고 있다.

통해야

먹으면 통해야 한다고
그게 안 되면 병이 된다고

터널은 통하려
존재하는 것이지
가다 막힌 것은 터널이 아니라고

사람은 통해야 한다고
홀로 섬처럼 외로이 사는 건
사는 게 아니라고

편지로 통하고
전화로 통하고
기도로 통하고

흐르는 강물 끝엔
바다가 있고
산을 오르면
먼 바다가 보인다.

3부

물 위에 떠도는 별

물 위에 떠도는 별

앞산 자락 연꽃 사이 드리우고
풍경소리 물결 되어
종아릴 간지럽히는데,
앞뜰 논 자락
일소 울음소린 늘어진 하품소리.

연꽃 사이로 님 그림자
떠도는데
청개구리 한 마리
물결 쳐 님 그림자 지우네.

법당
목탁소리는.
석불 까까머리 위서
잠자리처럼 맴돌고
논둑 그늘
막걸리 마시는 소리
개울로 흘러간다.

너 안에 나

사슴을 닮아
풀잎을 먹고
풀향기 풍기는
여름.

말똥 없이는
추운 겨울을 살아갈 수 없는
몽골초원의 양치기같이
쓰레기를 뒤지고
살아가는 사람들.

다리가 길어 부러운
사슴처럼
그녀 눈동자엔
호수 있어
이슬만 먹고
살 것 같은.

내가 나에게

오십 년을
그저 차에 주유하듯
밥만 먹고
하루도 쉬는 시간을
주지 못한
나의 심장
쉼 없이 달려온 네게
햇볕이 따스한 날
햇볕에 빨래를 널듯
너를 쉬게 하고 싶다.

어려서부터
술 좋아 하는 건 집안 내력이라고
어지간히도 마셔대던
그 수많은 시간
버텨 온 간에게
아침이슬 머금은
꽃잎 하나 선물하련다.

중고로 삼십 년이 넘으면
거들떠보지 않는 차도
엔진 바꾸고 트랜스 미션 바꾸면
새 차라지만
오십 년을 넘게 버텨 온

숨 쉬는 내 안의 나에게
오늘따라 감사한 마음.

보이는 눈가의 주름
보이는 새치가 많다고
투덜대지만
정작 한순간도 멈출 수 없는
너에게 고마움조차 없었다.

내숭

화려한 걸 싫어하는
사람이 있을까마는
그렇다 한들
어두운 뒷골목으로
걸어가고자 하는 사람도
그리 많지 않으니.

아름다운 걸 싫어하는
사람이 있을까마는
그렇다 한들
술집 앞에서 술 취해
몸조차 가누지 못하는
연인 좋아할 리 없다.

만원인 지하철 안에서
술에 취해 안기는 애인을
밀쳐버리지도 못하고
모든 눈이 가리키는 나를
감당할 용기조차 없었지만
나도 취했으니
그냥 안아 줬으리라.

어젯밤 나이트에서
만난 김양

오늘 사무실서 아무 일 없다는 듯
눈웃음 짓고.

곱게 차려입고
맞선 보러 나선
그녀 어디서 본 듯한데.

호랑나비가 날갯짓 멈추고
새침데기처럼 내숭 보이면
봄은 하얀 나비 날갯짓처럼
강물 되어 흐른다.

네온사인 찬란한
이태원 소방서 골목에서
술에 찌든 아저씨
불러온 내게
"아저씨 담배 있어요?"
하고 물으면
아가씨 입술만 보이던 그때.
그녀는 강물에 꽃잎이 되었다.

넌 나에게

나는 너에게 부러진 나무가
되어 달라고 한 적이
한 번도 없다.

눈물 흘리는 사슴처럼
나에게로 와서
나의 행복이자
나의 마음마저 묶어 버린.

나는 널 위해서라면
사람들 앞에서 무릎 꿇는 일 따위는
아무것도 아니라고 말했지만
넌 그런 날 보며 화내고 떠났지.

넌 어디든 갈 수 있지만
난 어디로도 널 떠날 수 없는.

논두렁

논두렁엔
풀만 자라는 게 아니야
콩도 심고
어디선가 날아온 나팔꽃씨도
꽃 피우고
땅두더지도 여기저기 파놓아
볼록 볼록 올라와 밟으면
쑥 들어가지.

논두렁엔
길만 있는 게 아니야.
아버지도 있고 아버지 친구도 있고
내 친구도 있지
꿈틀 꿈틀 논두렁길엔
어린 시절 모내기하던
무우 입에 문 내 자화상도
새참국수 이고 막걸리 든 울 어머니도
아무도 돌보지 않은
논두렁 한발 앞으로 가기도
힘들다.
하루일도 알 수 없는 인생처럼.

농부아내

땀을 비처럼 쏟아 내던 농부아내
수건 두른 목 줄기엔 선크림조차 없다.
기나긴 밭이랑 쪼그려 앉아
땀이 눈을 파고들어
따가워도 손등으로 훔치고 나면 그뿐.

새벽닭 울기 전
밥을 하고
해 뜨기 전 밥을 먹고
몸빼바지에 수건 두른 농부아내
지친 발걸음에 세월이 쌓여.
봄이면 열무 솎아
냇가에서 씻어 고무함지박에 담아
버스 기다리는 시골아낙네.

가을엔 한줌밖에 안 되는 들깨며
콩, 수수를 이고 시내로 간다.

삶이 고단할수록
대처로 나간 아들 생각이 날수록
눈엔 시도 때도 없이 눈물이 흐르고.
눈물과 땀이 흐르던
그 땅 한구석 한 평도 안 되는
자리에 누워.

농사꾼 아내

씨감자까지
삶아 먹어버린
지독히도 가난이
따라붙던 시절.

물동이서
흘러내리는 물방울
훔쳐내며
똬리만큼이나
가냘픈 목선 사이로
사슴처럼 여린 어깨.

소매 반쯤
흘러내려
손목을 타고
흐르는 물방울
고단한 짐
머리에 인
농사꾼 아내.

누이가 보고플 땐

조각난 거울
창호지와 신문 섞어 바른
문지방에 올려놓고
길게 땋은 머리
보름달처럼 훤하던 그 얼굴.

어머니처럼
할머니처럼
굵은 주름 잡히고
인형 눈알 한 개 5원 하는
부업을 본업 삼아
긴 세월 모진 나날 견뎌온 누이.

이젠 어린 시절
등에 업어 기르던 동생도
멀리 떠나고 없는.
신월동 시장골목에서
그리움이 쌓여갈 누이.

아마도 내 뇌리에 스치는 바람처럼
누이가 생각나는 것은
아마도 누이도
날 그리워하는가 보다.

도시 비둘기

탄광 카나리아처럼
사람들이 먹고 남은
도시 쓰레기 먹고
스카이트레인 선로 아래서
비 피하고 후두둑 날아오른
널 보며,
네가 왜 평화의 상징인지
궁금증이 더해가지만.

방부제와 더불어
이름조차 생소한
화학약품 투성이인
빵조각에서부터
얼마나 많은 도시 쓰레기와
살아가는지.

그래도 아직 힘차게
날아오르는 널 보며
지하 막장 카나리아처럼
우리에게 아직 살 만하다고
말하는 듯하다.

* 카나리아 : 탄광 안에서 산소의 측정용으로 사육. 카나리아가 죽으면 산소부족으로 위험.

도시락

김치, 도시락 아래 깔고
참기름 살짝 뿌리고
향기로운 냄새 풍기는
쌀밥 살살 퍼서 담아
책가방 가운데 찔러 넣고

얼굴도 발그레진 어느 겨울날
장작불 훨훨 타오르는 난로 위에
우리는 선착순으로 도시락을 올린다.

첫 수업 끝나길 기다리다
잘 익은 김치와 밥
도시락 잡고 흔들어
재빨리 퍼먹다
가슴까지 타오름에 어쩔 줄 모르고
그래도 혀끝으로 밀려오는 기쁨
어느새 꿈이었다고.

록키 가는 길

분명 차를 달려왔는데
꿈길 달려온 듯
분명 함께 달려왔는데
날개 달려 불길 헤치고
매캐한 연기 마시며 날아온 듯
땅을 기어 다니던
땅강아지 날개 처음 달고
꿈길 날아오르듯
롭슨 산 아래 섰다.

돈

돈으로 시간을 사고
돈으로 재능을 사고
돈으로 사람을 사고.

돈을 인격이라고
돈을 신분이라고
돈을 행복이라고.

돈을 좇아
모든 걸 버린 자.
돈에 묻혀
어둠에 갇혀도
행복하다 하고.

돈으로 꿈을 뭉개고
돈으로 시간을 뭉개고
돈으로 사랑을 뭉개고.

돈 때문에 친구를 잃고
돈 때문에 가족을 잃고
돈 때문에 사랑을 잃고.

사랑처럼
눈멀게 하고

돌고래도
춤추게 하는.

사랑처럼
울게 하고
사랑처럼
아프게 하고.

돈 없는 세상
빛 없던 세상
그 세상에 벌거벗은 나.

두려움 속에

좁고 긴 터널에서
따라오는 발자국 소리
심장부터 달리게 하고.

서낭당 모퉁이 돌던
소년은 누가 뒤에서
당기는 듯 잰걸음하고,

닭 잡는 날
이리저리 도망 다니던 닭
움직일 때마다 발끝에
힘을 주어 목
즈려밟고.

아내 목에 칼자국 내
샘처럼 흐르는 선혈
남편 손에 든
농약병
입으로 흐르던 거품.

눈에 불을 켜고
가슴속 불붙은 듯
괴로워하던 검둥이

묻은 언덕
자리엔 목줄만 남아.

사격장 화약 냄새
코끝으로 스며들던
몰래 본드 불던 아이들처럼
넋을 놓고.

아버지 팔 꺾는
소리에도
아무것도 하지 못한
소년 가슴으로
가스실 방독마스크 벗고
눈물인지 콧물인지
모르던.

파란 잔디 위에
잔설처럼
추억을 파고드는.

두부 한 모

아직 식지 않은
체온이 손끝으로 전해지는
두부 한 모
비닐봉지에 갇혀 있다.

질식하기 일보 직전
숨을 몰아쉬듯
비닐봉지엔
습기로 가득 차고
점점 온기를 잃어간다.

비록 축 늘어진
젖무덤이라도
엄마 옆에 누워
만지던 젖무덤이
사라진 지금
싸늘히 식어 버린
내 손끝만큼이나
시간 굴렁쇠는 구르고
굴렀건만.

기억의 강 저편
그 흔하디흔한
시커멓게 말라 버린 된장처럼

풋고추 송송
담장 애호박 넣은
된장찌개에 두부 한 모.

기억을 불사르고
재만 남아 버린 듯
무심하게 흐르는
강물 위에
추억 한 조각 던져두고.

딸에게 쓴 편지

생후 일주일
혈관도 찾지 못해
간호사 손이 떨리는 게 보였어.

손 사이로 빠질 듯한 너를 안고
수술실 앞에 선 아빠는
꼬물거리는 너의 발가락만큼이나
배고픈 건 전혀 참지 못하는 네가
우유 한 모금 마시지 못해 울 때
아무것도 해줄 수 없었어.

유난히도 배고픈 걸 못 참는 너를
수술실에 보내고 아빠는 종종걸음을
걸으며 수술실 앞을 서성이며
기도하는 것밖에 할 수가 없었어.

그 수많은 날들 강남으로
서울대 병원으로 통원치료
수술 반복하면서도
아빠는 늘 혼자 할 수 없는 게 많아
울어 버린 날이 많았다.

그래도 배만 부르면 웃어 주는 네 모습이
케이크 크림 입에 바른 너의 모습이

지옥철이라는 신도림역 푸시맨 모습을 덮고.
영창악기 회사 앞을 수없이 지나던
그 먼 출근길이 행복한 길이었으니.

이제는 아빠와 비슷해진
키만큼이나
성숙해져 아가씨 같은
너의 모습에서
어린 너의 얼굴이 겹쳐진다.

유치원 수업시간에 선생이 옷을 벗겼다던
시간도
쇼핑몰에서 슬며시 손을 놓아
미아 신고한 네가 그림 그리며
웃고 있던 모습도
삶의 옹이처럼 가슴에 박혀
이젠 희미해져 가는 기억과 함께
낙엽 지는 가을 나무처럼
깊은 우물 속 들여다보듯
지난 시간을 본다.

만남 1

간밤에 긴 시간을 어찌 보냈는지 모릅니다.
설레는 마음에 아침에도 일찍 눈을 떴습니다.
머나먼 길을 한 달음에 달려와
물을 건너고
나무 밑을 빠져나가고
나무 위로 넘기도 하면서
오르막을 오르고 또 오르면서

때로 당신의 체취가
때로 당신의 소리가 그리워
그냥 폭포수 아래서
당신을 소리쳐 부르려고도 했습니다.

별을 닮은 꽃들이 유혹을 하고
분홍빛 아름다운 치마를 입은 꽃도
손짓을 하고
이끼에서 피어난 입술이
예쁜 꽃도 미소 짓고 있었지요.

그래도 당신을 만나기 위해 가는 길은
즐겁기만 합니다.
그래서 만난 당신은 온화한 미소를 짓고
그렇게 은빛 반짝이는 드레스를 입고
날 반겨 주었지요.

만남 2

차라리 보지 않았더라면
차라리 만나지 않았더라면
그런 눈물조차 없었을 텐데
그런 가슴앓이는 없었을 것을.

강물이 흘러간 자리엔
상처 같은 흔적만 남아
먼 바다 바라보기조차 눈 시려
석양 탓을 하면서 눈가를 훔치네.

누가 있어 그 마음을 알까
그저 숨이 멈춰 버리는 줄만 알았던
그 순간이 다시 돌아온다 해도
심장은 다시 저 혼자 마구 뛸 테지.

말

태어나자마자 본업을 잃어버린
너에게서 측은지심을 느낀다면
넌 아주 많이 싫어할 거야.
사람들은 널 보면
갈기를 세우고 드넓은 광야를
달리는 생각을 하지.

끝없이 이어진 지평선
저쪽 끝에서 땅거미와 함께
달리는 상상을 하곤 하지.
하지만 넌 늘 우리에 갇혀
가끔씩 살아나는 야성에
괴성도 지르고 내달려 보기도 하지만
그곳은 제자리.

수없이 타원을 맴도는 경마장에서
넌 누굴 위해 달리나 생각하지.
그리곤 또 생각했어,
일없이 뒹굴던 내가 행복하지 않았듯이
너 또한 나처럼 달리고 싶다는 걸.
넌 마음껏 달리고 싶지?
난 그런 너의 등에서 함께
그 길을 아주 멀리 가고 싶다.

메아리

동굴 속
아무것도 보이지 않는
두려운 길
손을 더듬어
앞을 본다.
때로는 거친 것이
때로는 부드러운 것이
그러다 작은 무엇 하나
떨어져 메아리친다.
살려 달라고.

수없이
쌓아 놓은
컨테이너 안에서
손을 더듬어
앞을 본다.
뜨거운 것이
손끝을 타고
머리를 때린다.
나도 모르게 소리 지르고
메아리처럼 소리가 돌아온다.

멀고도 가까운 곳을 향해

바람이 가다 산에
막혀 비바람 되듯

비행기 타고
멀어져 가는
내가 살던 집이랑
골목길들이
아주 아득해져
보이지 않을 때까지
울렁이는 가슴을
비행기가 흔들려서라 말한다.

가까이 처마 끝밖에
보이지 않는 집들이
멀어져 가는 하늘에서
그저 한바탕 꿈만 같다.
언젠가는 이리 떠날 수도 있으리라.

멀어져 가는 그리운 이들과
그리운 시간을 남겨두고,
지금도 돌아갈 수 없는
많은 순간 앞에
가슴 아파하듯
소독약 진하게 풍기는

병실 귀퉁이 침실에서
날아가는 비행기 쳐다보며.

영화가 끝난 극장에서
아직도 영화 여운이 남아
계단을 구름 위처럼 걷고
걷고 있는 나를 보듯.

대한 뉴스가 나오는
스크린이 스쳐 지나간 필름처럼
뇌리를 스치면
귓가에 맴도는
아나운서의 낯익은 목소리.

명태

내 이름은 명태랍니다.
동해에 살지요.
요즘은 러시아 쪽에
이민 가서 살고 있고요.

난 모르지만
우리 조상이 한국에 살 때
우린 인기가 아주 좋았답니다.
사람들이 자기들 입맛에 맞게
우리 이름을
불렀다지요.

생으로 탕을 끓여
먹을 땐 생태
얼렸다 녹여서 끓여
먹을 땐 동태
말렸다 끓여
먹을 땐 북어
코를 줄줄이 꿰어
말렸다 졸여 먹을 땐 코다리
덕장서 비바람
눈비 맞아 고생한 황태는
구이가 좋다지요.

살아선
고래며 상어 피해 다니느라 힘들고
고단한 삶이었지만
죽어선
이름만큼이나 인기가 많아

대청마루 한쪽
창호 문 위에 신처럼
모셔진 내 모습.
죽어서 이름 남긴다던 사람보다
죽어서 이름을 많이 남긴 명태

추운 겨울
무 숭숭 썰어 넣고
매운 고추 썰어 넣어
시원한 맛으로 거듭납니다.

모래성

성을 다 쌓았다
착각하지 말라.
검정 고무신으로 나른
모래성
물들어 오면
물에 쓸려 흔적조차 없을,
바람 불면 바람에
날려 멀리 떠나버릴,
비싼 장난감 트럭으로
모래성을 쌓았다고
모래성도 비싼 줄 아니?
사막에 바람처럼
모래언덕 만들어줄
친구 바라지 마라.
사막처럼
언제
친구 마음이
변할 줄 어찌 알아.

쉼터

둥근 목숨.
모난 마음
쓰러지고 일어나고,
껍질뿐인 슬픔,
질경이풀 같은 인연,
종종걸음 치는 봄비,
긴긴밤 무덤 위에
목화솜 이불 덮으려,
밤을 새운,
마늘쪽 같은 낮달.

못 다한 사랑

이제는 타다 남은 숯처럼
다시는 불붙을 일이 없을 거라는
생각뿐이었습니다.
내게 이런 날이 올 거라고는
상상도 못했답니다.

그냥 숨이 턱턱 막힌다는 표현보다
좋은 말은 없을까,
아니 분명 숨은 쉬고 있었고
심장은 아주 심하게 뛰고 있었지요.
그리고 머리는 하얗게 아무런 생각도
하지 못하고….

입으로 무슨 말을 한 거 같은데
그건 머리에서 생각해서 한 말이 아니었어요.
그냥 입이 배고프면 밥을 먹듯이
그냥 나온 말이었나 봅니다.

그녀의 표정에서
내가 뭔가 잘못하고 있는 거 같다는
생각을 했을 땐
이미 수습불가,
아니 수습을 하고 싶지 않았던 거죠.

잠시 숨 막히는 시간이 흐르고
그녀에게서 아무런 말도 나오지 않습니다.

그동안 날마다 주고받은 메시지는
분명 우리의 속삭임이었는데
지금 그녀는 그걸 외면하고 있습니다.

"이제 당신도 갱년기야,
그래서 화끈 달아오르고 또 갑자기 춥고."

아내의 목소리가 귓가를 때립니다.
그러고 보니 점점 증세가 심해지고,
더웠다 추웠다,
우린 보우강가를 같이 말없이 걸었습니다.

그녀는 아무 일도 없었다는 듯
아무 말도 들은 적이 없었다는 듯
나를 대합니다.
그러고 보니 나도 아무런 말도 하질 못합니다.
중요한 건 그녀가 지금 내 앞에 있다는 것뿐.

그녀와의 메시지도 뜸해졌습니다.
난 집으로 돌아간다고
힘없이 그녀에게 말합니다.
그녀는 출발하기 전에 만난다고
내게로 왔습니다.
그리고 눈만 마주치고 아무런 말이 없습니다.

집으로 돌아오는 버스에서
귀에 소리가 들립니다.
아니 분명 윙윙거리는 소리 같습니다.
즐거워야 할 길이 전혀 즐겁지가 않습니다.
집에 돌아와서 밤에
잠을 뒤척이다 뜬눈으로 며칠을 샙니다.

그리고 가슴에 거머리가
심장을 헤집고 다니는 것처럼
곪아 버린 상처를 치료하기 위해
상처에 올려놓는 그 거머리처럼.
일주일이 지나 난 무작정 차를 몰았습니다.
그리고 4시간 후에 난 아내에게 전화합니다.
"어디 좀 갔다 올게."
어젯밤부터 보낸 메시지엔 답이 없습니다.

그녀 친구를 만나
아직 그녀가 그곳에 있다는 걸 알았습니다.
하지만 그녀는 날 만나지 않았습니다.
사실 이제와 만나도 할 말이 없습니다.
그냥 제풀에 지쳐 여기까지 온 것뿐.

남자친구에게 생일선물로 보낼 거라고
종이학을 접던 그녀의 첫 모습이 떠올랐습니다.
그녀의 친구들과 함께 걷던
보우강가로 갔습니다.
거친 물살에 가슴을 씻기라도 할 것같이.

시원한 바람이 불어오고
바위를 때리는 물소리에 고개 들어 보니
마릴린 먼로가 묵었다는 호텔이
눈앞에 들어옵니다.
어느덧 어두워져 잘 곳 찾았습니다.

무심한 사랑

아무리 맛있는 음식도
시간이 지나 식으면 맛이 없듯이

아무리 뜨겁던 사랑이라도
식어 버린 사랑은
얼음으로 만든 칼로
심장을 찌르듯 아프기만 하다.

그것보다 무서운 사랑은
잊혀진 사랑
잊혀져 아무런 느낌도
아무런 감정도 없는 사랑.

사람이 걸으면 발자국이 남고
물길이 말라도 물 자욱이 있는데
자국조차 남기지 않은 무심한 사랑.

짝사랑

습관처럼 밥을 먹고
습관처럼 잠을 자고
습관처럼 일하던 내가

너를 만난 후
설렘에 밥을 못 먹고
소풍 가기 전날 아이같이
잠을 설치고
일하다 넋 놓는 사람처럼
목석이 되곤 했다.

내가 본 것을
너도 본 것이라면
내가 느낀 걸 너도 느낀 것이라면
좋았을 것을.
나는 보고 너는 못 본
그것이 사랑인 듯하여.

소

숨이 차오른다.
별로 한 것도 없는데 숨이 차오른다.
예전 할아버지 때만해도 밭 갈고 논 갈고
그것도 모자라 짐까지 날라야 했다는데
먹는 것도
짚 썬 여물에 겨 탄 게 전부였다는데
길거리에 있는 풀도 못 먹게
멍에를 씌웠다는데

요즘은 그냥 가만히 서 있기만 하면
먹을 것 주고 일광욕도 시켜주고
어떤 집에선 음악까지 틀어 주기도 한다는데
조금만 걸어도 숨이 차다.
도대체 소 팔자가 이렇게 늘어졌는데도
사는 게 즐겁지가 않다.
고삐 잡아당겨 욕 하면서
일 시키는 인간도 없는데 숨이 차다.

먹으면 눕게 되고
누우면 실실 잠이나 자게 되고
그래서 그냥 입으론 되새김질만 해대고
침을 질질 흘려대도 난 안다.
내 몸이 무거워질수록 내가 숨이 차면 찰수록
내 육신이 인간들 밥상에 올려질 날이

가까워 온다는 거
그렇다고 내가 내 맘대로 운동을 할 수도
그렇다고 내가 내 맘대로 산책을 할 수도
그렇다고 내가
토끼 같은 새끼와 여우같은 마누라와
함께 살 수도 없다는 걸 나는 안다.

그저 붉은 형광등으로 날 치장하고
날 사갈 사람들 기다리고 있을 거란 걸
내가 아무리 발버둥쳐도
갈 곳도 할 짓도 많지 않다는 걸,
그렇게,
나는 내 숨통을 내가 조르고 있다는 걸.

자식을 보며

탯줄처럼 질긴 인연 또 있을까.
열 달 뱃속에서 키우는 것도 모자라
평생 애간장을 태우면서
바람 불면 날아갈 홀씨 같고
추워지면 혹여 동상에라도 걸리지 않을까
김칫독 가마니 동여매듯
싸고 또 싸고.
더운 날 땀띠가 온몸 구석구석
어미 마음엔 애끓는 창자 이곳저곳
이미 구멍 숭숭 뚫린 듯
네가 나에게 와서 웃는 웃음 한번이
만 번의 천국이 되고
네가 찡그리고 우는 얼굴 하면
세상은 온통 암흑세계가 된다.
열 달 품에 있을 때보다
다 컸다고 내 품을 떠나
바다로 간 네가 더 아픈 것은
내가 어찌할 수 없기 때문이리라.

물결 나이테 같은 강가에서

켜켜이 쌓인
응어리 씻어내듯
물보라 일으키며 용처럼
힘차게 날아오를 듯
잔잔한 호수조차
이런 힘이 있구려.

수없이 긴 세월
물길처럼
때로는 웃고 때로는 울며
할아버지의 아들이
아들의 아들이
지켜온 땅의 울림.

물 따라 산 따라

물이 지나간 길
물이 마르면
사람이 다니는 길

토끼가 지나간 길
사슴도 지나가고
사람도 다닌다.

물길이 산길이 되고
산길이 물길이 되는
홍수 난 아스팔트
물고기가 뛴다.

삶의 갈림길에서
하얗게 부서지는
계곡 물보라 속에
수천 년 얼굴들이
바람처럼 지나간다.

내 안에 너

일그러진 물살엔
일그러진 내 얼굴이 비추고.

어두운 물 위엔
어두운 내 얼굴 비추네.

셀카 얼굴 사진 크게 나왔다 울지 마세요.
가까이 찍었으니 크게 나올밖에.

소 눈에 비친 내 얼굴이
슬퍼 보이는 건 소 눈이 슬프기 때문.

더러운 거울에 얼굴 비추지 마세요.
거울이 깨끗하지 못한 것처럼 당신 얼굴도.

바람 부는 호수
산이 춤을 추듯.

나비춤에도 일렁이는 들풀처럼
달에 비친 내 얼굴.

민들레 홀씨

장독대 돌 틈 채송화도
담장 아래 봉선화도
엄마가 떡에 넣겠다고 심어 놓은
맨드라미꽃도
개울가 나팔꽃조차
하늘 나는 게 꿈이었지.
어제는 노란 꽃 흐드러지게 피우더니
오늘은 어디로 날기 위해
낙하산까지 준비하고
이륙 준비하는 행글라이더처럼
바람을 기다리는
돛단배처럼 바람으로 날아
어디까지 가려나
너의 아름다움을 기억하는 사람들은
널 기다릴 텐데
홀씨 바람 타고 구름 위를 난다.

물음표 1

배터리 떨어진 인형처럼
움직이다 멈춰버린 너는
마네킹처럼 숨조차 쉬지 않는데.

나의 어머니가 장독대에
물 떠 놓고 빌었듯이
너의 어머니도 여호와를 듣지도 못했던
시절이 있었음을.

정화수 향조차 피울 수 없던 날엔
아리랑 가락 가슴에 단비 되어
흰머리만큼 늘어나는 잔주름 속엔
수많은 근심이 딱지 앉은 상처처럼
굳어간다.

물음표 2

순록이 이동하면
약하고 힘없는 순록 희생양이 되어
들짐승 먹이가 되듯
인간의 삶 속에
적응 못 해 도태되어 버린 삶들.

산속 나무들은
큰 나무 작은 나무
꽃피우는 나무
꺾여 버려 썩어 가는 나무
함께 어울려 숲을
이루고 어울려 가는데.

앰블란스 소리만큼이나
을씨년스럽게 들리는
산속 바람 소리엔
누구도 반응하지 않고
흰 가운 입은 의사도
상냥한 간호사도 없는 산속에서
그 향기가 좋다는 말을
냄새 맡지 못하는 말로
번역해 버리는 머릿속 세포.

모닥불 불씨 하나에도
행복했을 원시인처럼
씻지도 못하는 깊은 산중 텐트엔
어둠과 함께 밀려드는
적막감처럼 터지지 않는 손전화 들고
오래된 고문서같이
이미 읽어버린 문자를 본다.

바람 되어

바람이 지나간 자리
나뭇잎이 떨고
바람이 지나간 계곡
바람이 남긴 울음소리

바람이 스쳐 간 풀잎
풀잎은 누웠다 일어나고
바람처럼 바람 흉내 내는
날갯짓조차도 멈춘 새처럼
눈감고 벌판 한가운데 서서
두 팔 벌려 날고 있다.

바람이 나인 것처럼
내가 바람인 것 같이
산사 처마 끝 풍경에
머물렀다.
여운 같은
소리만 남긴 채.

너를 닮은 것들

새로운 시작처럼 보이는 것들 속에
산을 오르고 내리듯 계절이 바뀌면
풍경이 바뀌는 것처럼
곁을 함께한 인연들

빈 의자처럼
공허해 보이는 가을에도
눈물 한 방울 흘리지 않았는데
화단에 피어난 작은 꽃 보고
가슴에 눈물이 난다.
꽃들은 저마다 사연을 품고
새싹은 기억상실이라도 걸린 듯 보이지만
지난해 각설이가 아니라고.

바람길

강풍이 부는
허허벌판에선
그저 몸을 숨길
작은 바위라도
찾기에 바빴습니다.

눈보라 치는
언덕에선
눈보라에서
잠시라도
비껴있으면 했었습니다.

비가 억수로
쏟아지는 날은
나무 그늘에서라도
찰나를 넘기고 싶었습니다.

햇빛이 따가우면
따가워서 햇빛을
피하려 그늘로 피하고 싶었습니다.

종이상자 뒤집어쓴
길거리의 사람처럼
바람을 피하고 싶던 날이.

눈보라치는 날에도 하늘을
활강하는 독수리처럼
날고 싶던 날이.

비가 억수로
쏟아지던 까까머리 중학생 시절
어느 날처럼 우산을 내미는
그런 사람이 나타나기를.

햇빛이 따갑던
밭이랑 쪼그리고 앉은
어머니 생각에
선글라스 속 눈물이 고여
가슴으로 흐르던.

바람 들어
구멍 숭숭 뚫린 무우처럼
뼈마디에도
가슴에도
바람구멍 숭숭
뚫렸을 어머니처럼
우리 가슴에
바람구멍을 안고.

아는 만큼

시골 소년은
제사 때만 고기를 먹고

살아 있는 생선은
송사리
미꾸라지
붕어밖에 몰랐다.

산골 소년은
가재가 뒤로 가는 건
바위틈에,
돌 틈에
숨으려는 줄만 알았다.

세상엔
먹을 게 남아돌아
버려지는 곳도 있는데

푸른 바다엔
갈매기들이 춤추는데.

4부

비 오는 밴쿠버에서

비 오는 밴쿠버에서

비행기 안 사람들은
방안에서처럼 앉아 가고
새들은 비를 맞고
하늘을 난다.

들개 한 마리
굶주린 뱃가죽만큼
날카로운 눈빛으로
시내 한가운데 공원 거닐고

많은 사람 겁에 질려 소리치는데.
명품 옷 입은 개 걸어간다.
신발 한 짝 나뒹구는 길가
누운 사람 하나.

하늘로 날기 위해
새집엔 지붕이 없다.
비 맞은 소가 눈 껌벅인다.
아무것도 모르는 듯
시치미 떼고.

길을 가다

길을 가다 길이 잠시 막힌다고
조바심내지 않았으면.
길을 가다 길에서 아름다운 걸 보면
아름답다 홍얼댈 수 있었으면.
길을 가다 잊혀진 추억이 생각나면
차를 세우고 엉엉 울 수 있다면

이 세상에 올 때도 태양이 밝은 빛을
비추었듯이
저 세상 갈 때도 저녁노을의
배웅을 받기를.

길 위에서 1

아스팔트 위에
하늘이 살아 숨바꼭질한다.
아스팔트 위에
나무가 술래잡기한다.
찰나를 넘으면 볼 수 없는.

하늘 길
비행기 안에서 내려다본
밴쿠버는 우리 집 찾기도 전에
작아져, 더 볼 수 없는데
아스팔트엔 하늘이 춤을 춘다.
아스팔트엔 바람이 춤을 춘다.

주급은 센트로 오르고
월세는 몇 십 불로 오르는
밴쿠버에서
집값은 몇 십만 불씩 오른다.

모퉁이 돌아서면
좀 더 나아질 거라고
고개를 넘어 서면
바지춤 고무줄보다 여유가
있을 거라고

하루살이 같은
날들을 살아도
희망은 늘 더 멀리 저 앞에서
손짓한다.

한때는 길을 벗어나
정글로 가고 싶은 때가 있었다.
한때는 길을 벗어나
숲속에 웅크리고
쉬고 싶었다.

핸드폰 없이는
한 시간도 버티지 못하면서
대나무 기둥 세우고
바나나 잎으로
비만 피할 움막을 짓고
그리 도망가고 싶었다.
그러면서도 아침이면 덜 떨어진 눈
비비며 출근을 하고

그렇게
하루가 한 달이 되고 일 년이 되고
십 년이 되어
살아온 시간
진흙탕 위 발자국처럼
어지럽기만 하다.

길 위에서 2

바른길
올곧은 길을
갈지자로 술 취한 사람처럼
가는 사람이 있고
휘어진 길
구부정한 길
바르게 가려는 사람이 있다.

고개를
힘들게 넘는 사람들이 있고
평지로 돌아가는 사람이 있다.
시냇물
다리 둥둥 걷고
건너는 사람이 있고
돌다리 놓아
다른 이 물에 닿지 않게 하는
이가 있다.

처음엔 보이던 길이
가면 갈수록 멀어지는
친구처럼
고개 넘어
개울 건너

멀어져 다시 볼 수 없는
장막처럼.

배낭 속
먹을 거 입을 거 잔뜩 지고 가는
백 패킹처럼
주렁주렁 걱정 근심
메고.

길 4

구부정한 논두렁길엔
콩도 자라고 메뚜기도
뛰어다녔다.

우리 논에 서면
다른 집 논이 보이고
못 쓰는 밀짚모자
둘러쓴 허수아비도
보이고.

가로등 불빛 희미한
도시엔 차들만
꽁무니에 꽁무니
물고 다닌다.

사방이 가로막힌
허수아비 같은 시멘트
건물 아래서
갈 길이 막힌 듯
종종걸음 치는.

숨 쉬기 위해
강가를 찾듯
숨 쉬기 위해

길도 없는 광야를 찾는다.
길이 없어도
길이 많아
길을 찾을 수 있는
광야에서 아주 멀리 서 있는
사람들 웃음소리
촘촘해 보이는 별 사이만큼.

건물로 막혀버린 아스팔트길
비단길처럼 걷기 좋으나
그건 날마다 독을 마시는 것과 같아서
곰이든 늑대든 단 하루도 살 수 없는.
나, 달리련다.
누구의 말에도 흔들리지 않고
광야를 질주하련다.

길을 가다 옛 애인을 만나면

만약 아내와 길을 가다
옛 애인을 만나면 난 무슨 말을 해야 할까
모르는 척 지나갈까
아니면 가식의 탈을 쓰고 모르는 듯
눈인사 한 번으로 지나갈까
순간 행복할까 아니 지옥일까
우연이 필연이 된다는 말처럼
우연이 계속 겹쳐 오진 않을까

그녀는 나에게 무슨 말을 할까
그녀는 날 모른 척 지나갈까
생각만으로도 두려운 순간이 오면,
온몸에 깃털을 세운 새처럼
긴장되어 온몸이 굳어 버리진 않을까
흘러간 강물이 되어
오랜 세월 다른 곳만 바라보던 우리.
다시 만나면 같은 시간 속에
살 수 있을지.

그런 날 바라보는 아내는
얼마나 많은 밤을 지새울까.
그런 날이 오지 않길 바라는 것인지
그런 날이 올 수 있다는 건지
끊겨버린 삼류영화관

영화 같은 추억 수없이 많은
흠집 끌린 자국을 남기고
늘어진 테이프 목소리처럼
내가 내 모습 낯설다.

아스팔트 위에서

새벽 여명 가로등 밀어내는 시간
아스팔트 위엔 어디론가 달리는 차들
가득 재활용병 싣고 달리는 자전거

눈조차 제대로 떠지지 않은 시간
아스팔트 위엔 스쳐 가는 가로수 낙엽
그저 아무런 느낌도 없이 앞만 바라 볼 뿐

어둠이 힘을 잃고 지쳐 가는 새벽
아스팔트 위엔 신호등 왕인 양
나를 막아서서 붉은빛 뿜어낸다.

날마다 달리는 끝나지 않은 여행길
아스팔트 위 비가 후두둑 거리면
출근길도 잊은 채 파전에 막걸리 생각,

다리 위 내가 서 있는지 차가 서 있는지
아스팔트 위 출렁이는 다리만큼
검푸른 강물 반짝이는 불빛을 따라간다.

차를 몰고 가면 때론 내가 걷고 있는 착각을 한다.
아스팔트 위엔 을씨년스런 바람이 불고
바바리코트 옷깃을 여미고 중절모 쓴 나를 본다.

반딧불 같은 불빛 도시를 촘촘히 수놓은 곳
아스팔트 위엔 상자 쓰고 누운 사람도 있다.
하늘엔 별도 많은데 별 보는 마음 시리다.

도마 위 전쟁

살아서 입
빠끔빠끔
마지막 유언 남기듯
두 눈 부릅뜬 생선
마지막 있는 힘 다해
몸 흔든다.

마치 마지막 춤처럼
힘차게 꿈틀대는 힘에
움찔 놀라지만
칼은 순식간에
숨통 끊고
몸통 살아 꿈틀댄다.

네 발 묶인 돼지
발버둥 치다
할 수 있는 게
소리치는 거밖에 없어
소리친다.
돼지 멱딴다고
동네 앞 산 울림과 함께
그릇 하나 목에 받쳐
시뻘건 선지 받아 내던 그날
동네 잔칫날이었다.

도마 위
난도 당한 토막 하나
흥건히 적신
핏물이 죽어서조차
내던져진 소처럼
길 위에서 쓰러져간
영혼처럼
전쟁 아닌 전쟁 같은 세상에.

맞지 않는 지게

가끔씩 내가 멘 배낭이
지게 같다.
등에 딱 달라붙은 거만 빼면
어깨 짓누르는 느낌
벗었을 때의 허전함.
시골아이들 장난감처럼
지게 지고 산에 땔감을 하러
내리막길엔 지게가 땅 긁고
브레이크도 밟고
지 멋대로 휘어진 지게작대기로 받쳐 놓은
나무지게 넘어지기도 하는
썬크림조차 모르던 아이들
새까맣게 그을린 얼굴
눈망울만 번득이던 영락없는 원주민처럼.

들로 풀 베러 가서도
바소쿠리 하나 더 얹었을 뿐인
지게가 낯설어 술 취한 취객처럼
이리 기우뚱 저리 기우뚱.

왜 아버진 내게
딱 맞는 지게를 안 만들어 주었을까?
이제서야 알았다. 그러다 말라고.
숙명처럼 등뼈가 굽어 튀어 나온 세월처럼
땅 물고 말년을 살던 아버지 사랑이란 걸.

아버지 눈으로 세상을 보니
면서기만한 직업도 없어서
면서기 하라던 그 말씀이
지금 와서 사랑이란 걸,
내 아이 보며 사무치게 느낀다.

장판도 없이 멍석 위에서 짐승처럼 살았노라던
어머니 처음 시집오던 날 모습이
양짓말 큰아버지 서먹했던 이유가
성이 달랐던 이유이듯
살아가면서 늦게야 깨달은 많은 것들은
다시 말할 수 없는 혼자만의 메아리 되었다.

일본 고베 징용
술 먹으면 흥얼대던 아버지 가슴에 새겨지고
내 귓가 맴돌던 날들
맞지 않는 지게처럼
돌담 위 호박처럼 주저리주저리 매달린 추억.
물지게도 지지 않던 내가
물동이 이고 흐르는 물방울 훔치던
누이 모습과 겹쳐지는.
맨발 검정고무신 새까맣게 그을린 아이
땀이 차버린 고무신 미끄덩에
개울물 들어가 발 씻고 풀잎향기에 취하듯
밴쿠버 출근길서 길 위에 누운 산송장 같은,

사람들 사이에 뛰어가는 쥐처럼
낯선 이국땅 습하고 쾌쾌한 냄새에 취한다.

바람처럼 강물처럼

나고 자라
잎이 무성해진 날도
꽃피는 봄날에 추억처럼
떨어져 뒹구는
낙엽같이
우리도 살아가는 것을.

민들레 홀씨 바람에 날리듯
어느 날 바람에
날아온 이민지에서
그리운 건 장판 깔린
따스한 아랫목만이 아니고
잃어버린 건
고향만이 아닐진대
때론 누가 내 이름 불러
기분 상하고
때론 누군가 내 이름
불러주길 기다리는
눈만 뜨면 낯선 땅
이국에서
비 오는 날 하늘 맴도는
갈매기처럼
제자리 맴도는
나를 본다.

같은 농장 쌀 포장만 바꿔
이천 쌀 경기미라 한들
고향 쌀 아닌 건 같은데도
철석같이 믿어 버린 마음
누군가 캘리포니아 쌀이라
말하지 않았다면
그냥 믿고 말았을 것을.

냉이 하나
한국에서 왔다는 것만으로
혹여 흙이라도
묻어 왔나 살피며
벌름대는 나는
한국사람 많이 살아
눈인사조차 안 한다는
한인 타운 근처에도 살지 않아
그런가 보다.

잊혀진 시간 속에
잊혀진 사람처럼
흔적도 없이 사라질 어느 날엔
족보조차 없는
먼 훗날 이민자 후손들
뿌리조차 모르리라.

뜨거웠던 감정 강물과 함께
식어 가고
또렷했던 얼굴들은

안개에 쌓이듯
마음에서 멀어져 가는
잊히는 게 두려운 게 아니라
잊힐 것조차 없는 게
두려운 것이다.

원주민 아리랑

댕기 끝 빨강 비단처럼
내 마음 울리고 가는 그녀
팔짱 끼고 바라보기엔 아쉬움 남아
말 타고 따라갈까
그냥 막걸리 파전으로 잊을까

맷돌 돌리던 엄마 옆에서
불은 콩 물 되어 흐르는 게 신기해
지붕 덮은 이엉에서
버섯 피어오르듯
꽃신 신고 오실 님
기다리며 나무 그네 매고

네 개 바다 네바다에서
아버지 잃은 아파치족처럼
안데스산맥 형제들 윷놀이
워워 쟁기질하는 원주민
잊혀진 기억만큼이나
변해버린 말 한 자락.

살아가는 일이

살아가는 일이
가끔은 컴퓨터처럼
스위치 끄고 쉬는 시간도
있었으면 좋겠다.

살아가는 일이
때로는 바이러스 먹은
컴퓨터 껐다 켜면
다시 살아나는 것처럼
지울 건 지우고
살릴 건 살렸으면 좋겠다.

살아가는 일이
전구처럼 불을 밝히다
흔적도 없이 사라지듯
촛불처럼 나를 태워
불 밝힐 수만 있다면 좋겠다.

살아가는 일이
고장 난 차가 새 부속 갈아 끼우고
다시 새 차처럼 달리듯
내 몸 구석구석 오래되고
고장 난 곳을 바꿀 수 있어
새로워질 수 있다면.

죽은 듯 쉬고 있던
컴퓨터가 다시 살아 숨 쉬듯
영상으로만
사진으로만
남아
추억 속에
사람들
시간이
돌아와 내 앞에 설 수 있다면.

이민 일기

옮겨 심은 나무처럼
심한 몸살 앓고
그러고도 아플 게 남아
물설고 낯선 곳에서
얼마나 더 몸살 앓아야 할까.

기러기처럼 멀리 날아왔지만
비둘기같이 낯선 지붕 아래
처마 밑에서 울고 있는.

정 붙이고 살면
고향이라고
천당 아래 구백구십 구당
사는 거라고
최면을 걸어 보지만
자고 나면 돌부리에 걸려 넘어지듯
상처투성이 가슴 안고.

그 옛날 고구려 유민들처럼
포승줄에 묶여 수천 리 길
먹지도 못하고 걷고 또 걸어
낯선 곳에 떨어진 것도 아니건만

시베리아 벌판
스탈린에 의해 버려진 고려인 모습도 아닌데

울지 않으리라는 맹세처럼 살려 해도
빗물처럼 흐르는 눈물 앞에
살려고 발버둥치는 비 맞은 새처럼.

유통기한

태어나면서부터
죽는 날 정해놓는다는 것은
그런 거라고.
진열대 위에서
찬란한 봄을 맞이하고
슬금슬금 구석으로
밀려나는 상품처럼
어쩌면 문명이기에.

밀려난 노인처럼
기침도 자주 하고
다리조차 무거워진
새벽 빈 병 줍는 이
안간힘처럼
유통기한 다가온 우유처럼
아무도 반겨주지 않는
고장 난 라디오
잡음 심한 방송을 튼다.

찌그러진 깡통처럼
일그러진 얼굴들
영혼 없는 삶 유통기한
다되어가는 유행 지난 옷가지
철 지난 외투처럼

무거운 발걸음으로
바코드 같은 출근카드
손가락 지문 찍으며.

우리를 아프게 하는 것들

흘러간 강물이 더 맑아 보이고
흘러간 시간이 더 애틋한 것은
그리움이라는 싹 트기 때문.

떠난 사람이 더 사무치고
잃어버린 반지가
더 소중하게 느껴지는 것은
손에 닿을 수 없기 때문.

돌아갈 수 없는 시간이
가슴을 후벼 파듯
돌아올 수 없는 첫사랑이
가슴을 미어지게 하는 것은
시간이 지나도 지워질 수 없는 것이
있기 때문이다.

소중한 것은 소중한 대로
눈에 보이는 흔한 것들과 함께
내 주변을 맴도는데
우린 보고도 느끼지 못한다.

옥상정원에서

나 여기 왜 있나
가고 싶은 곳
갈 수 있다면
친구들 있는 그곳
가련만

뿌리조차 뻗을 수 없는
콘크리트
바람에 흔들리고
비 올 날 고대한 채
스프링클러
의지해 살아가는
콘크리트 옥상

아스팔트 위에서
갈 곳 몰라 헤매는
나 같은 너

너의 모습에서 날 보고
나의 모습에서 널 보는
도시 옥상정원 너
흔들리는 아스팔트 위 나.

살아가야 하는 이유

살아가는 이유를 굳이 묻는다면
너도 모르는 세상을
나도 모르는 세상에서
추운 날에도 얼음 깨고
먹어야 하는 이유와 같다.

살아가는 이유 말해 달라고 한다면
나도 처음이고
너도 처음인
세상에서
때론 흔적도 없이 지워진
고향마을처럼
흔적도 없이 사라진 철새 도래지
울고 있는 널 바라보는 것처럼
너도 처음이고
나도 처음인 까닭이다.

추운 골방 움직이지 조차 못하는
노인네처럼
피는 끓는데 아무것도 할 수 없는 날들
살아가는 일은
불속에서 타들어 가는
새끼줄이
마지막으로 보여주는 새끼줄 형체같이

어쩌면 한번 보여주고 말 삶을
스스로 태우는 일이라.

여름날 무성했던 잎사귀조차 잊어버린
알몸 겨울나무처럼
나를 추운 겨울 얼음 위에 던져
옷 껴입을수록 더욱 추워지는
삶 같은 것이다.

내가 나를 모르듯
너도 너를 모르는
하늘 위에 그냥 가끔씩 끊어지는
무성영화 같은 세상에
밟혀도, 밟혀도 돋아나는 보리 싹 같이
봄을 기다리는 일이
잊어버린 기억 속
흑백사진처럼.

삶이 우리를 속인다 해도

갑자기 콧등을 스치고 지나간 바람처럼
필연은 우연으로 찾아오고
이른 봄 매화나무 꽃잎이 바람에 날리듯
추운 겨울 나풀대는 눈꽃은 나뭇가지에 앉는다.

어머니가 아무런 조건 없이 아이 돌보듯
땅은 만물을 싹트게 하고
태양이 떠 있는 희망처럼
아버지 뒷모습은 가족의 버팀목

속절없이 당하는, 사기 같은 세상에서
쓰러져간 영혼 울음 들리고
무언가에 홀린 듯 무성영화 같은 기억들은
앵무새처럼 똑같은 말들만 반복하고

이제는 거울 보듯
서로 바라보며
함께 길을 가는 우리는
맞잡은 손의 체온만큼이나 따스하다.

산다는 것은 5

산다는 것은 숨 쉬는 것이다.
하지만 사람은 숨만 쉬지 않는다.
생각하지 못하는 사람은
살아도 산사람이 아니다.

산다는 것은 걷는 것이다.
바짓가랑이에 흙 좀 묻는다고
걷는 것 멈출 수 없듯이
끝이 보일 때까지 걷는 것이다.

산다는 것은 먹는 것이다.
먹는 즐거움 빼면
사는 게 사막을 걷는 것 같지 않을까.

산다는 것은 자는 것이다.
날마다 영원히 자는 연습을 한다.
날마다 새로 태어나는 아침은 그래서 좋다.

사랑이여

빗속에서도 꺼지지 않는
불꽃처럼
마음속 저 깊은 곳
왕겨불처럼 타들어 가는
사랑이여
감히 내가 사랑이란 말을
꺼내는 것은
이젠 다시 만나지 못할
사랑도
이제 시작하지 못할 사랑도
그저 감사함으로
그저 고마움으로
마지막 인사 남기고
흔들리는 잎새위
바람처럼.

숲

나무만 보지 말고
숲을 보라 다들 말하지만
나무들은
숲을 볼 수 없다네.

그저 나무로 살아가는
숙명으로 천년을 사는
나무도 있다지만
때가 되면
제 살 기꺼이
내어 줄줄 알아
집이 되고 의자가 되고
기둥이 되고
석가래 되어
또 다른 모습으로 빛나지만
기꺼이 흙이 되어
새 생명의 터전에 되는 날엔
편안한 안식처처럼.

사는 법은 달라도

사과 씨앗이 작아도
큰 사과 맺게 하고

커다란 잣나무도
작은 씨앗에서 시작되었네.

몸을 나누어
새 생명 잉태하는 포도나무처럼
나누기도 하면서

민들레 홀씨처럼
날개가 달려 날아야만
사는 씨앗도 있다.

고목에서 새 생명이
태어나기도 하고.

마음에 핀 꽃

몸이 말을 안 듣는다고
마음 문을 닫지 마라.

몸이 늙었다고
마음마저 늙었다 말하지 마라.

마음 가는 곳에 몸이 있고
마음에 핀 꽃은

양귀비꽃보다 아름답고
벌꿀보다 달콤하리니.

바람의 언덕

바람이 머물고 간 자리
바람 그림자
꼬리로 삼아
우릴 유혹하듯
멈춰버린 시간

바람이 눈 장난치듯
눈으로 그림 그리고

널 안으려
두 팔 벌려 안으면
따스한 햇볕
다가와 내 입술에
입맞춤하는

숲속에서 나무 안듯
눈을 감고 언덕에 서면
구름이 밀려와 내게 안긴다.

눈을 감고 손을 내밀면
날 휘감아 돌다 손끝으로
스친 너의 모습이
나무마다 인사하던
너의 모습이 보이고

나도 너 따라 나무마다
손끝으로 인사한다.
부드러운 손
거친 손
하지만 따뜻한 온기가
손끝 타고 와
전설 속 인디언 추장
포효하는 바람의 언덕.

노동절에

같은 일 하지만
정규직이라고 파트타임이라고
휴일수당 받는 날
임시직이라고 그냥 시급 하루 일당
받는 날
할 일에 임시직이라 쓰여 있는 것도 아니고
오히려 일은 더 많아
에어컨조차 없는 주방에서
땀을 쏟는다.

상그릴라 깊은 산속 동물처럼 산속을 기어
송이버섯 따는 모녀처럼
신발이 해어진 것도
먹을 것조차 못 먹는 것은
아니지만 그저 마음이 서러운 게야
그래서 우는 들짐승처럼
뽕짝 크게 트는 거야.

어제는 천당 같은 산 위 꽃길을
거닐었는데
오늘은 둥근달 보고 달려간
밴쿠버 동쪽
매인스트리트에서
내 앞에 달리던 쥐소리에 놀라고

인도를 막고 대마초 말고 있는
사람들에 놀라고
그래도 안 놀란 척
그래도 힘 있는 척
다리 힘주고 걷는 길,
노동절 새벽.

그저 연락 왔을 때 일 안 한다 하면 됐을 일을
노예처럼 묶인 것도 아닌 것을
그저 그만둔다 했으면 됐을 일을
차라리 냄새 맡지 못하는 걸 감사하면서
쓰레기 쌓여 넘치는
골목에서 서성대는 사람들처럼
새벽길을 걷는다.
해스팅 밤은 낮달처럼
길 잃고 헤매는 영혼들
쓰레기 뒤지는 영혼들
흩어진 주삿바늘처럼
흩어진 마음들.

동네 오이농장일 도와주고
오이 한 아름 들고 온 날 어머니한테
혼난 날처럼
왠지 오늘은 어머니
꾸중이라도 듣고 싶다.

날지 못하는 새

날개 있어도
날지 못한 수많은 날이.

발이 있어도
걷지 못한 수없이 많은
시간
좁은 철창에 갇혀
숨만 쉬고 있다.

홰를 치고
아침을 외치던
날은 언제였던가.
알을 품고
앉아 있던 날은
우리 날이 아니었다.
밤에도 불을 켜고
무정란을 낳고
알에서 깨어나자마자
영문도 모르고 죽어야 했던.

벼슬로 장식도 못한 수탉은
쓸모없어 버려진
벽시계같이
병아리인 채 끝없이 버려진다.

내가 원하든
원치 않든
세상은 우릴
철창 속에 가두고
날개 있어도
날지 못하는 새가 되어
전염병이 돌면
우릴 탓하고
산 채로 묻혀진
영혼처럼
나를 묻고
너를 묻고.

고구려 유민처럼

고구려 유민처럼
나라 잃은 것도 아니고
내 발로 걸어서
비행기 타고 온 이민 생활
무엇이 서러워서
마음엔 늘 강물이 흐르나.

중국인 많이 사는
리치몬드서 산 세월이
벌써 이십 년 넘었건만
때때로 고구려 유민 같단
느낌이 든다.
중국 돈 홍수처럼 쏟아져
우후죽순처럼 생겨나는
빌딩 숲속.

이민 초기 밤처럼 생긴
열매 줍다가
외계인 언어 같은 말
뱉어내던 그 백인
지금 어느 요양원 있을까.

닭장 안에 갇힌 닭처럼
주는 모이 먹고

살다가는 삶이
여기라고 다르지 않음을
예전엔 왜 몰랐을까.

새처럼 날개 있어
날지 못하고
곰처럼 힘이 세서
상대 위압하지도 못하고
개처럼 소리를 잘 듣지도 못하고
냄새를 잘 맡지도 못하는
벌거숭이
나약한 존재임에도
포승줄에 묶여
추운 겨울 낯선 땅으로
끌려가는 유민처럼
흔들려서 더 나약한
나를 본다.

남자의 눈물

큰 짐 지게에 지고
고개 넘어가는 아버지 뒷모습이
발걸음조차 너무 무거워 보이는
그런 때가 있었습니다.

누가 올려놓은 것도 아닌데
어깨 짐은 그때나 지금이나
발걸음을 무겁게 짓누르고
주급 탈 때마다 듣는 마이너스라는 말
앞가슴에도 짐 매단 듯 하고.

운다고 해결될 일도 아닌데
큰 어깨 들썩이며 울고 있는 내 모습이
남자라서가 아니고
아버지여서도 아니고
그저 사람으로 서럽고
가슴 한 켠 장맛비 지나간 개울처럼
시원해지길 소원하며

소갈머리도 없는데
주변머리조차 없는 나 자신
축 늘어진 어깨만큼이나 안쓰러운 날
밤하늘 검푸른 바다 별 조차 비수 되어
가슴에 꽂히는 밤엔

어깨 들썩이며 흐느끼는
가슴도 시려 온다.

석가모니불

내손이 차가워
얼음 같은 법당 안에선
부처님 손끝도
차게만 느껴집니다.

내 발이 시려
발끝을 잡고
부처님 발을 보니
내 발보다 더 찰 것만 같습니다.

법당 안에서
시베리아 바람이 불듯
가슴엔 서리 내리고
혼자 있을 땐
혼자인 게 서러웁고
자물쇠로 잠근 법당문처럼
내 마음도 닫혀 버렸던 것 같습니다.

석가모니불
석가모니불
석가모니불
부르며 쉼 없이 절하는 사이
법당 안에 들어찬

사람들만큼이나
부처님이 내 마음
가득하여
땀을 흘리는
시베리아 됩니다.
아직도
차갑기만 한 마룻바닥에서
스멀스멀 피어오르는
향내 코끝 찌르고.

나를 태우지 않고는
순간도 불 밝힐 수 없는 촛불처럼
나를 태우고
내 마음 태워
조그만 등불을 켭니다.

눈부신 날에

아름다움엔 끝이 없다.
하늘은 푸르러야 제 맛이고
시냇물은 맑아야 제 맛이며
산은 높아야 제 맛이다.

날이 좋은 날
볕이 좋은 날
친구가 있어 함께하니
즐겁고
바람이 차지 않아
적당하니 좋고
비록 녹아서 없어지는
눈이라 할지라도
비록 살아 있는 생명이
아니라 하더라도

함께 숨 쉬고 있는
네가 있어 즐겁고
요정처럼
별 받아 내게 날리는
너의 모습이
한때 빛났던 젊은 날처럼
나의 거울을 보는 것 같아 즐겁다.

갑옷 두른 듯
두터운 옷 무게만큼이나
힘겨워 보이는 나무도
볕이 따사로와 빛나고
세월 가면 변하는 사람보다
한결같아 부럽고
함께 걸을 수 없음이
안타깝지만
늘 새로운 나무 친구 만나니
난 좋다.

너는 짊어진 짐만큼이나
살아가는 일이 감당하기 힘든
무게로 다가와도
시냇물에 세수하듯
마음을 씻고 있다.

인공지능 오븐

수십 년을 일하던 오븐이 주방 떠나던 날.
하늘도 보내기 싫었음인지,
아니면 새로운 인공지능 오븐
환영행사인지
앞이 보이지 않을 정도로
눈이 내렸다.
수십 년을 그저 그 뜨거운 열정으로
땀 흘렸으면 강을 이루었을
일 하고도
건물 밖으로 내팽개쳐져서
눈 맞고 비 맞아
초라해져 버린 너의 모습이
오늘 아침까지도 할 일 다 한 너의 모습과
사뭇 달라 낯선 사람 얼굴 보는 듯하다.
사람도 병들면 병원 가고
아프면 약 먹는데
병들었다고
아프다고
이젠 나이 먹었다고 구박하던 그 사람들이
나는 너무 야속하구나.
인공지능 오븐이라 새로 들어온 오븐
아주 많은 부속을 달고
들어 왔다.
왠지 요즘 고층아파트 좁고 높은

느낌이 드는 건 아마도 네가 해야 할 일이
앞으로 살아갈 날이 쉽지 않음을
그래서 나보다도 더 오래 견뎌야 할 너의
미래가 걱정스러운
자식 보는 부모 마음 같다고.

수많은 일을 한다고 안내 책자엔
말하고 있지만
수십 년 요리한 나로선
그저 헛웃음만 나올 뿐.
지금 와서 옛날 화덕이
더 맛 내고 풍미를 내는
화덕이라고 사람들 말하는 소리 들었지.
지금 와서 가마솥에 불 때서 하는 밥이
머리에 수건 두른 어머니가 퍼주던 밥이
맛있었노라 고백하는 소리 들었지.
누룽지라고 쓰고 팔지만
그 가마솥에
노릇하게 눌어 바싹하게 마른 누룽지가
새로 주방에 들어와 아직 한 번도 쓰지 않은
인공지능 오븐 들어 온 날 생각날까.
신입사원 들어온 회사에서 오래전 떠난 동료
얼굴 떠오르듯이.

서커스

누구나 할 수 없는 길을
아무나처럼
아무렇지 않게
줄에 매달려서.
온몸을 공처럼
때론 문어발처럼
움직이면서
사람들에게 말하려 한다.
나 여기 있다고.
어두운 공연장 안에
불빛이 비치면
죽었다 살아난 영혼처럼
움직이는 광대 같은.

의자 쌓아 올리고
굴림대 위에서 중심을
잡는 일이
살아가는 일만큼 힘든 일일진대
그걸 보고 환호성 지르고
손뼉을 친다.
우리에 갇힌 호랑이 포효하듯
포효하는 광대에게서
줄 타는 조선 광대를 본다.

광대처럼 산다는 일은
바람 타고 다니는 철새 같아서
혼자 구름 위를 날고
있을 때가 많다.
눈깔사탕 문 아이처럼
누군가에게 뺏길 것 같아서.

제동이 아저씨처럼
나도 한때는 광대를
꿈꿨었던 적이 있었노라.
애들은 가라! 배암장수 시작한다.
찢어진 천막 사이로
몰래 찾아든 아이들처럼
힘들게 가지 않아도
내 손엔 늘 입장권 쥐어져 있었고
멍석 깐 바닥 털퍼덕 앉아
무성영화 끊긴 필름만큼이나
기억에도 가물거리는
변사 말처럼
벙어리 삼룡이 영화
삼룡이 같이
난 하나둘 추억을 잃어 가고
오늘 서커스 보며
그 기억 편린들 조합해서
상급좌석보다 더한 추억을
당겨본다.

살아가는 일이
금수저 흙수저 나눈다고
나뉘는 것도 아니건만
서커스에서도
금수저와 흙수저로
나누어 주차장도
좌석도 나누어 놓았다.
아담과 이브가
에덴동산에 머물던
시절에도 금수저가 있었는지
알 수 없지만
그 많던 금수저
흙 속에 묻혀서 오랜 시간 빛을 보지 못하다
녹슬고 초라한 왕관처럼
세상에 선보인 날처럼.
씁쓸함에 서커스 문 나서는 내게
아직 공연이 반밖에 안 끝났다고
말하는 그대
내겐 아직 볼 공연이 아주 많다네.

빛나는 주연 뒤엔
울고 있는 조연이 있듯이
불빛 받아 빛나는
서커스 배우 뒤엔
얼마나 많은 숨은 손이
움직이는지.

인생도 이와 같아서

보이지 않는 착한 손
많아 밝게 빛나는
세상이길.

오믈렛을 말다가

오믈렛 말다가
불쑥 찾아든 기억.
계란 많이 버린다고
연습할 땐 소금으로
오믈렛 마는 연습하라던
그 시절
주방바닥엔 온통 소금 천지.
타자기 없는 타자 실습시간
타자 자판 그려
비닐로 씌우고
연습하던 그 시절.
높낮이도 손가락 감각도 없이
그림 속 고추 따듯이
그림 속 벼 베듯이
연습하던 시절.
이젠 누구도 알아주지 않는
오믈렛 말아 놓고
혼자 이쁘다고 웃고 있는데
가슴에선 찬바람 분다.
이젠 누구도 알아주지 않는
타자기 대신 영문자판 노트북에서
한글 두드리며
내 어깨 두드린다.

물가에 오는 이유

오리가 물가에
오는 이유도
너구리가
물가에 오는 이유도 같다.
먹을 걸 찾아 헤매는
삶.
하지만 오리는
먹히고 너구리는 먹는.

사슴과 곰이
물가에 오는
이유도 같다.
같은 물을 마시고
사슴은 불안에 떨고
곰은 먹이를 찾는다.

도로 위에 차들이 달린다.
가는 곳도
하는 일도
다르지만
물가에 너구리 같이
물가에 사슴처럼.

밴쿠버 연가

오늘도 내일도
샤워라네.
라디오에서 흘러나오는
날씨 방송 들으면서
차창 때리는
샤워를 본다.
샤워 날마다 하니
흠뻑 젖거나
뽀드득 소리 나도록
말끔할 것 같은 아스팔트
기름이 두둥 떠다니듯
몇 십 년을 살아도
스며들지 못하는 비처럼
날마다 머리 세포에 새기는
이민 일기.

결혼 초 엄마 반찬
그립듯 날마다
고국으로 떠나는 비행기만
바라보다
함께 떠나 온 앨범처럼 먼지가 쌓이듯
나이테 그려
맛없이 싱겁게 웃자라기만 하는
한국 미나리 자라듯

뿌리 내리려 애쓰는
아스팔트 위 나무처럼
바람 불면 휘청대는
나의 너.

겨울나무가
죽은 듯 숨죽여 살아가듯
이곳에서도
고국에서도
이방인으로
살아간다는 것은
늘 손님 같은 삶이지만
갈매기 날갯짓하듯
바람을 타고
어둠에 스미는 안개처럼.

밴쿠버 연가

전재민 시집

발 행 일 | 2018년 3월 30일
지 은 이 | 전재민
발 행 인 | 李憲錫
발 행 처 | 오늘의문학사
출판등록 | 제55호(1993년 6월 23일)
주소 | 대전광역시 동구 대전로867번길 52(한밭오피스텔 401호)
전화번호 | (042)624-2980
팩시밀리 | (042)628-2983
전자우편 | hs2980@hanmail.net
카페 | cafe.daum.net/gljang(문학사랑 글짱들)
cafe.daum.net/art-i-ma(아트매거진)

공 급 처 | 한국출판협동조합
주문전화 | (070)7119-1752
팩시밀리 | (031)944-8234~6

ISBN 978-89-5669-904-2
값 15,000원

* 이 책은 교보문고에서 eBook(전자책)으로 제작 · 판매합니다.
* 잘못 제작된 책은 바꾸어 드립니다.